GERVAIS-COURTELLEMONT

MON VOYAGE

A LA MECQUE

MON VOYAGE
A LA MECQUE

VUE DE LA MECQUE.

GERVAIS-COURTELLEMONT

MON VOYAGE
A LA MECQUE

OUVRAGE CONTENANT
TRENTE-QUATRE ILLUSTRATIONS
D'après les photographies de l'Auteur

PARIS
LIBRAIRIE HACHETTE ET Cie
79, BOULEVARD SAINT-GERMAIN, 79
—
1896
Droits de traduction et de reproduction réservés

UN PILOTE DE LA MER ROUGE

MON VOYAGE A LA MECQUE

Au delà de l'Orient connu des Européens, là-bas, bien loin au cœur de l'Arabie, dans le mystère des profonds déserts qui l'entourent, la ville sainte de l'Islam, la Mecque, se cache au fond d'une vallée sauvage, enserrée entre deux chaînes de montagnes escarpées et arides. La nature semble avoir voulu se rendre complice de la Foi musulmane pour cacher aux profanes les secrets jalousement gardés.

J'ai voulu pénétrer le mystère de cette ville sainte, non pas simplement pour accomplir un tour de force de voyageur, mais poussé par le désir de compléter mon étude d'ensemble sur l'Orient contemporain, cet Orient musulman que j'ai entrepris de décrire, que j'ai parcouru en tous sens, où ma jeunesse s'est écoulée et que j'aime comme tous ceux qui le connaissent bien.

L'Orient! l'Orient d'où sont sorties les religions, les langues, les plus nobles races humaines et qui est peut-être le berceau de l'humanité tout entière.

L'attraction qu'il exerce sur nos imaginations s'explique facilement. — De même qu'un homme arrivé au déclin de sa carrière ou au soir de la vie aime à se reporter par la mémoire aux jours de son enfance et éprouve tant de joie à revoir la maison paternelle, ainsi nos vieilles races, par nécessité héréditaire, dès qu'elles peuvent échapper à leur dur labeur au résultat si incertain, retournent en imagination vers leur première et légendaire patrie.

Cette ville énorme que traverse un fleuve, ville aux remparts prodigieux, surmontés de tours gigantesques, c'est Babylone.

Voici l'audacieuse Babel, Ninive, Thèbes aux cent portes, Memphis, Tyr et Sidon et puis la triste Jérusalem, tour à tour splendide et misérable.

A ces souvenirs les plus ignorants ont le cœur secoué : on pense à Sésostris, à Nabuchodonosor, à Jésus sur le Calvaire, à Mahomet, aux Croisades.

Ces pays où la vie battait jadis avec intensité sont aujourd'hui les plus immobiles de la terre. Leurs habitants, on les croirait endormis, accomplissant comme en rêve tous les actes de la vie.

Ils ne nous ressemblent en rien. Leurs villes sont tristes et leurs cimetières gais.

Ils honorent les vieillards et méprisent l'argent quand ils ne se sont pas encore corrompus au contact de nos civilisations.

Sous la tente par exemple, chez les nomades, où nous retrouvons les costumes antiques : toutes semblables les générations s'y sont suc-

cédé, enfermées dans des formes immuables.
Voici la tente d'Abraham. Ce vieillard qui part
pour un lointain pays accompagné de ses
enfants et de ses troupeaux, c'est Jacob se
rendant en Égypte pour embrasser Joseph
avant de mourir.

De père en fils depuis des siècles ils se transmettent leurs traditions, leurs rites et, jusqu'à leur costume, rien n'est changé chez eux, depuis le commencement des âges.

Et ces peuples aux vêtements légers et multicolores, à la démarche souple, aux traits fins, réguliers et fiers, n'ont pour nous que du mépris, pour nous barbares habillés de noir, qui venons les bousculer, les dépouiller ou les détruire.

Moi j'aime l'Orient et son ciel bleu, j'aime l'Islam dans sa foi naïve, et j'admire, n'osant la partager, son inébranlable espérance.

. . . .
. . . .

Et je me suis voué à cette œuvre de les faire connaître et par conséquent aimer ces pays d'Islam, ces pays ensoleillés et endormis, ces pays de charme, de rêve et de mélancolie, ces pays de paix et de bonheur tranquille.

Pour rendre mes descriptions plus éloquentes j'ai voulu que mes ouvrages fussent illustrés directement par la nature elle-même, prise sur le vif par l'objectif photographique et intercalée fidèlement dans les pages du livre avec toute la rigoureuse exactitude de la photogravure.

Et voilà pourquoi j'ai parcouru l'objectif à la main les pays musulmans du bassin de la Méditerranée, passant en revue, de Tanger à Constantinople, les sites, les monuments, les populations, essayant de reproduire fidèlement les splendeurs du passé et le pittoresque du présent.

Déjà cinq volumes avaient paru mais une ambition démesurée me restait : compléter mon étude d'ensemble sur l'Islam contemporain par la description des villes saintes, *la Mecque* et *Médine*.

Je ne me représentais ma collection complète que si je réussissais à l'enrichir de ces rares et précieux documents, et comme je ne m'illusionnais pas sur les difficultés de l'entreprise, je résolus de tenter ce coup d'audace à l'âge où l'homme est en pleine possession de toute son énergie.

Pendant trois ans j'ai ruminé ce projet, mais je n'aurais certainement pas su comment le faire aboutir si un heureux concours de circonstances n'était venu aplanir les plus grosses difficultés.

En 1890 je fis la connaissance d'un homme extraordinaire. J'avais vu entrer un matin dans mon atelier de la rue des Trois-Couleurs, à Alger, une espèce de forban, vêtu du costume des Arabes d'Arabie, la figure ravagée de cicatrices, un poignard à la ceinture, qui après les salutations d'usage m'avait demandé de le sauver d'un grand péril. Il était Algérien, se nommait Hadj Akli et voyageait, me dit-il, depuis plus de vingt ans dans les pays les plus lointains, de Bassorah à Bagdad, de Constantinople à Beyrouth, à la Mecque, au Caire, à Tripoli, etc. Or cette année-là le pèlerinage de la Mecque avait été interdit aux musulmans d'Algérie, une épidémie cholérique des plus violentes ayant été signalée au Hedjaz.

Lui qui voyageait pour son commerce plutôt que dans un but religieux, il avait passé outre, et s'étant fait délivrer un passeport pour Damas, il était parti quand même. S'étant joint à la caravane de Syrie il avait été à la Mecque et rentrait en Algérie par Tunis.

Dénoncé à son arrivée à Alger, il allait être arrêté pour avoir transgressé la défense formelle du gouvernement français, mais il avait obtenu de l'agent chargé de son arrestation la permission de venir me parler pour m'exposer son cas et me demander aide et protection.

Frappé de l'espèce d'injustice dont il me semblait victime, je me décidai à aller me faire son interprète auprès du préfet, dont je me trouvais être l'ami.

Mes démarches aboutirent et, vu les raisons exceptionnelles qu'il faisait judicieusement valoir, considérant que c'était exclusivement pour ses affaires commerciales qu'il avait été à la Mecque; qu'en somme il était libre une fois à Damas, en faisant viser son passeport, d'aller individuellement où bon lui semblait, il fut délivré de toute poursuite et remis en liberté.

Mais un autre Algérien plus infortuné avait été retenu, lui, puis jugé et malgré ses explications condamné à quelques mois de pénitencier militaire.

Lui aussi il était allé à la Mecque malgré les édits. Il prétendait avoir été emmené par surprise à Djedda, sur un bateau anglais de la compagnie Holtz qui avait fait escale à Alger et où il avait travaillé à embarquer du charbon.

Resté à bord involontairement au moment de la partance, occupé à terminer un arrimage dans les cales, on l'avait emmené pour ainsi dire malgré lui et une fois à Djedda, mon Dieu, il avait fait comme tout le monde, il était allé à la Mecque.

On ne l'écouta pas; il fut arrêté, jugé et je ne pus obtenir sa grâce. Il purgeait donc sa dure condamnation au pénitencier de Berrouaghia.

Fréquemment il écrivait à nos amis d'Alger pour me faire supplier d'intervenir en sa faveur.

Ce pauvre enfant de dix-huit ans trouvait des accents déchirants pour nous conter les tortures morales et physiques qu'il endurait, et chaque fois qu'on recevait de ses nouvelles, Hadj Akli accourait me communiquer ses lettres.

Et chaque fois Hadj Akli, voyant à quels tourments il avait échappé par mon intervention, me jurait une reconnaissance plus profonde et un dévouement plus absolu.

Ce fut bien autre chose encore quand trois mois après, l'enfant libéré enfin, grâce à mes actives démarches, put raconter verbalement tout ce qu'il avait enduré.

Et il est de fait qu'avec son tempérament irascible et violent, Hadj Akli n'aurait jamais pu supporter cette discipline de fer, et je crois décidément qu'il n'exagère pas outre mesure quand il affirme que je lui ai sauvé la vie en cette occasion.

. . . .

Hadj Akli me raconta un jour toute son histoire. Dans son enfance il avait été élève de cette école de mousses indigènes fondée par le maréchal Bugeaud, quelques années après la conquête de l'Algérie, afin d'essayer de recruter pour nos flottes une pépinière de ces terribles marins, corsaires fils de corsaires qui avaient si hardiment écumé la Méditerranée pendant si longtemps.

Mousse, puis novice et matelot, Hadj Akli avait, en tout, servi douze ans dans la marine française et à sa libération, toujours passionné de voyages, il avait continué une vie d'aventures et de vagabondage, faisant tous les métiers et tous les commerces à travers l'Orient.

Quand je l'ai connu il avait déjà fait dix-huit fois le pèlerinage de la Mecque.

Il profitait tous les ans de ce voyage pour faire toutes sortes d'achats, de bijoux, étoffes, armes et bibelots qu'il rapportait et revendait en France, en Algérie ou en Égypte.

Ce fut lui qui le premier me conseilla mon voyage à la Mecque.

Ne tarissant pas d'éloges sur les splendeurs de la ville sainte, il voyait en imagination un superbe livre illustré à faire, bien plus intéressant à ses yeux que les volumes que j'éditais alors sur l'Algérie, le Caire, Jérusalem et Damas, Tunis, Tanger, etc.

Je partageais bien d'ailleurs son enthousiasme à ce sujet, et si je n'avais pas été retenu par la direction de ma maison d'édition d'art, je serais parti deux ans plus tôt.

Et mon voyage aurait été peut-être plus fructueux, car cette longue attente énerva Hadj, la maladie de foie dont il souffrait s'aggrava et je n'eus pas en lui un guide aussi énergique et aussi vaillant que j'aurais pu l'espérer plus tôt.

J'ai de nombreux amis musulmans en Algérie.

Pas un n'a cherché à me détourner de mon projet de voyage à la Mecque; quelques-uns au contraire m'y poussèrent vivement, un d'eux surtout, mon ami Hadj Abderraman el Tebibi, le vieux médecin maure d'Alger.

Hadj Abderraman el Tebibi a pour demeure une petite maison toute blanche perdue au milieu des figuiers, des citronniers et des jasmins, sur les coteaux de la Bouzaréa, dans un vallon abrité des vents froids du nord et des siroccos d'été, vrai refuge de sage.

Il est presque centenaire, une barbe blanche, fine et soyeuse, encadre son visage rose de vigoureux et sain vieillard; il est toujours très simplement vêtu de laine blanche et coiffé d'un lourd turban en soie du Hedjaz.

Le visiteur reste d'abord saisi de respect devant ce vénérable. Mais son regard est si bon, ses manières si courtoises, que le plus timoré est bien vite à son aise.

Assis sur des coussins, il reçoit avec la plus grande bienveillance visiteurs et clients. On se presse à ses consultations, car il jouit d'une réputation d'habile médecin et une légion de désespérés de toutes religions, riches et pauvres, abandonnés de toutes les Facultés, lui doivent, sinon la guérison et le salut, du moins de grands adoucissements à leurs maux quelquefois, et l'espérance, toujours.

Son regard limpide fouille au fond des cœurs, scrute les plus secrètes pensées, et, comme il le dit lui-même, il est le médecin de l'âme plus que celui du corps.

Je crois à sa science médicale, que de père en fils on se transmet dans la famille depuis certain grand docteur de Cordoue, leur ancêtre, ajoutant de siècle en siècle à la tradition transmise des observations nouvelles sur les maladies des hommes et les vertus des simples. Mais je crois surtout à sa haute perspicacité morale, à sa patriarcale expérience et à son inépuisable bonté.

Plusieurs fois père, grand-père, aïeul même, il vit heureux au milieu de sa très nombreuse famille, entouré de soins et de respect, dans une félicité morale complète, sans ambition, suffisamment pourvu d'argent par le riche qui le paie généreusement en retour de ses soins, alors que le pauvre, quel qu'il soit, le trouve aussi attentionné mais d'un désintéressement absolu.

Dans sa jeunesse il a voyagé. Il visita le Caire, Damas, Stamboul. Il fit ensuite les saints pèlerinages de la Mecque et de Médine, et, consulté sur mon projet de voyage à la Mecque, il l'approuva entièrement.

« Je sais que ton affection pour l'Islam est sincère; Dieu voit dans ton cœur encore mieux que moi. Va, ne crains rien. Prends seulement quelques précautions contre le soleil et la fièvre, surtout si tu vas à Médine — mais va sans crainte, tes intentions sont pures, tu veux t'instruire et tu as raison, car tu nous aimeras encore davantage quand tu nous connaîtras mieux.

« Ne crains rien sur la route, ne crains rien non plus des hommes, car ton regard fera baisser les yeux des méchants, il est clair et droit.

« Va sans aucune crainte, mon fils, et surtout rapporte-moi un peu de bois de rose et de l'eau de zem-zem, pour me prouver que tu as pensé à moi... là-bas !... »

Et son assurance était si grande, qu'elle impressionna très favorablement Hadj Akli, qui au dernier moment hésitait un peu sans l'avouer, et nous nous décidâmes définitivement à partir.

Le voyage bien décidé, j'exposai minutieusement mon projet au gouverneur de l'Algérie, M. Cambon.

Il en fut vivement intéressé, car le pèlerinage de la Mecque est une de ses grosses préoccupations et les occasions d'avoir sur le Hedjaz des renseignements sincères, désintéressés et précis sont rares, puisque pas un Français n'avait pu pénétrer dans la ville sainte depuis Léon Roche, c'est-à-dire depuis cinquante-sept ans.

Et cependant il s'agit de très importantes questions d'hygiène, de commerce et autres, intéressant très particulièrement l'administration algérienne.

Depuis 1830 tous les gouverneurs civils ou militaires se sont activement préoccupés de la surveillance, de la protection, de l'organisation même de ce pèlerinage qu'il faut réglementer de son mieux puisqu'on ne peut songer à l'empêcher.

M. Cambon fit donc un accueil très favorable à mon projet tout en m'en représentant encore les dangers et les risques.

Je lui présentai Hadj Akli et solennellement celui-ci s'engagea à me ramener sain et sauf. Il a tenu parole.

Mon plan de voyage organisé, je fis une demande de mission scientifique au Ministère de l'instruction publique, mais le Ministère des affaires étrangères consulté représenta tous les dangers d'une pareille aventure et déclara ne pouvoir en aucune façon assumer une telle responsabilité.

Le Ministère ne put donc m'accorder de mission scientifique officielle et dut même officiellement me déconseiller vivement mon projet.

Très féru de mon idée, je passai outre et, à défaut du gouvernement, quelques amis s'intéressèrent pécuniairement à mon entreprise et avec leur concours je pus organiser mon voyage quand même.

Alors, entièrement à mes risques et périls, le gouverneur général voulut bien me confier une mission particulière auprès du grand chériff et des autorités religieuses de la Mecque.

Il me donna un passeport sous un nom arabe et comme Léon Roche j'essayai de me rendre utile à mon pays tout en poursuivant mon idée personnelle.

Certes la modeste mission dont je fus chargé ne peut se comparer à celle que mon éminent prédécesseur Léon Roche mena à bien avec tant d'habileté, mais n'importe, je ne conçois pas d'honneur plus grand pour un Français, que celui de se voir confier une mission du gouvernement à l'étranger, si modeste qu'elle soit, et j'ai le sentiment que cela doit donner courage au moins courageux.

J'ai apporté tout mon zèle à m'acquitter de la tâche qui m'avait été confiée et si je ne m'étends pas plus longuement sur ce côté de mon voyage, mes lecteurs comprendront que je suis tenu à une grande réserve et qu'il serait tout à fait déplacé de m'en départir.

Mais je puis cependant dire que j'ai sur ce point la grande satisfaction du devoir accompli et au retour, en me nommant chevalier de la Légion d'honneur, le gouvernement de la République m'a bien prouvé que j'avais fait quelque chose d'utile et je ne veux plus me souvenir ni des misères endurées ni des dangers courus.

. . . .

Hadj Akli, lui, persistait à considérer notre entreprise comme très facile et c'est sur ses affirmations que je me basais pour rassurer les miens et nos amis.

Me conduire à la Mecque, qu'il reverrait

pour la vingt et unième fois, lui semblait si facile qu'il n'insistait même pas pour me faire accomplir les rigoureuses prescriptions du Coran, mais moi cependant, en souvenir du dénouement presque tragique de l'expédition de Léon Roche, je crus devoir éviter un semblable danger et subir toutes les formalités du rite musulman d'Algérie, le rite malekite, afin de n'avoir rien à redouter de l'intolérance religieuse en cas de surprise.

Mon vieil ami Hadj Abderraman m'en félicita vivement : « Tu avais un cheveu devant l'œil; il ne te privait pas de la vue, mais l'obscurcissait et t'empêchait d'y voir clairement; tu l'as coupé sans peur, c'est bien, tu ne t'en repentiras point.... »

Et nous partîmes tous deux d'Alger en mai, Hadj Akli pour l'Égypte où il avait quelques affaires personnelles à régler, moi pour Paris où je devais mettre en ordre toutes les miennes avant de me lancer dans l'inconnu.

Il était convenu que nous nous retrouverions à Suez, en juin, pour nous joindre à la caravane officielle du pèlerinage, au *Mahamal égyp-*

LE DÉPART DU TAPIS SACRÉ DU CAIRE.

tien (tapis sacré), que l'Égypte envoie chaque année en grande pompe aux lieux saints de l'Islam.

Des difficultés imprévues me firent successivement retarder mon départ et Hadj Akli fit seul le pèlerinage officiel. Mais il reçut de moi à Djedda une lettre le priant de m'attendre dans cette ville, où je comptais arriver le 20 juillet. « Cependant si le séjour de Djedda t'est trop pénible, lui disais-je, reviens à Suez m'attendre et nous nous retrouverons chez le consul de France que tu iras voir dès ton arrivée. »

Le 14 juillet je débarquai à Suez.

Pour costume un complet européen, mais la tête coiffée du fez, pour bagages l'indispensable, une petite pharmacie de voyage, mes appareils photographiques habilement dissimulés dans mes effets et dans mes costumes arabes. A peine l'ancre jetée, le consul de France à Suez, venu à bord voir notre capitaine qui est de ses amis, me propose de descendre à terre sur la mouche des Messageries Maritimes et pendant le trajet j'apprends avec la plus grande joie que mon compagnon Hadj Akli lui a rendu visite le matin même. Tout paraît donc bien s'arranger, mais pourtant il ajoute qu'Hadj est très, très malade; les fatigues du pèlerinage l'ont évidemment éprouvé et il a, paraît-il, tout l'air d'un cadavre ambulant.

Au surplus, le consul ne peut me donner aucun détail précis sur l'endroit où il est descendu ni même ne peut m'affirmer qu'il soit encore à Suez, son entrevue avec Hadj ayant été très courte et peu explicite, celui-ci ne lui a fait part d'aucun de ses projets.

« Je devais attendre, lui avait-il dit seulement, un Algérien, mon ami, à Djedda, mais mes forces m'ont trahi et je crois bien que je vais mourir. Je voudrais bien rentrer au plus vite dans mon pays et ne sais pas si j'aurais la force de l'attendre ici comme il me l'a demandé. »

Un vif espoir de le retrouver à Suez me restait cependant, car il n'était pas retourné au consulat faire viser son passeport et à peine à terre me voici à sa recherche, sans perdre une seconde.

Il est dix heures du soir ; la ville est endormie. Quelques rares passants circulent dans les rues noires.

J'interroge mes portefaix et, après mille détours, on me conduit enfin au café, caravansérail, hôtellerie où les Maugrebins ont coutume de descendre.

C'est sur une petite place, à cette heure déserte, une maison de pauvre apparence, falotement éclairée par une minuscule lampe fumeuse.

Je frappe. Après quelques hésitations on ouvre et me voici dans une large salle au plafond bas, enfumée, sordide, sur le sol de laquelle gisent des formes humaines, empaquetées dans de gris haillons.

« Que veux-tu, étranger, à cette heure, chez moi ? » me demande le cafetier, et sa méfiance à mon sujet augmente quand je lui expose le but de mes recherches.

« Je n'ai personne de ce nom ici et de plus ce n'est pas l'heure de rechercher ainsi ses amis. »

J'insiste ; il se fâche et me pousse doucement

vers la porte. Une dernière tentative, je m'écrie :
« *Yâ el Hadj? Yâ Rouïa? Hadj Akli? Yâ el Maugrebi?* »

(« Eh! el Hadj? Eh! mon frère, Hadj Akli? Eh! l'Algérien? »)

Mon appel est entendu et une forme grise se soulève.

« Qui appelle ici mon frère Akli le Maugrebi? » demande une vieille, une très vieille femme en haillons.

Et je m'avance, et je lui dis qui je suis, qui je cherche et sa vieille tête branle de doute et de méfiance.

Oh! cette méfiance innée et que rien ne peut atténuer, cette méfiance instinctive de brute en présence d'un ennemi de sa race, cette méfiance qu'ont tous les musulmans pour tout ce qu'ils soupçonnent chrétien!

En vain je lui dis combien j'aime Hadj Akli, combien j'ai hâte de le revoir maintenant que je sais qu'il est malade. Je ne puis tirer d'elle que des mensonges, et cependant j'ai conscience qu'elle sait quelque chose, puisqu'elle s'est éveillée au nom de mon ami....

« Eh bien! oui, tu as raison, finit-elle par me dire, il est ici à Suez; nous sommes arrivés ensemble ce matin par le bateau Khedivich de Djedda, mais je ne sais pas où il est descendu; peut-être même est-il déjà parti pour le Caire. » Et elle se recouche.

Rien ne peut maintenant la faire parler davantage. Je la secoue, mais je n'obtiens pour réponse que ces paroles articulées d'une voix faible comme une plainte : « *Ralini* (laisse-moi), *ma tiguela ras* (ne me casse pas la tête) ».

J'insiste, je supplie, je me fâche, rien ne sort plus de ses lèvres que cet éternel marmottage : « *Ralini, ralini, ma tiguela ras* ». Et le sommeil reprend ce vieux corps usé, et le cafetier me met définitivement à la porte....

Au point du jour je reviens à la charge, bien entendu, et cette fois changement de thème : on m'affirme qu'Hadj Akli est parti hier à neuf heures par le train du Caire pour une destination inconnue.

On me donne des détails assez précis sur sa taille, son costume; les témoignages se confirment et bientôt le doute n'est plus permis. Que faire ?

La vieille Maugrebine prétend qu'il est parti pour le Caire et se fait fort de l'y retrouver, convaincue qu'il est descendu chez M'hamed Ali, le cafetier, chez qui logent habituellement les Maugrebins. Le cafetier, lui, prétend qu'Hadj est parti pour Tantah, où il comptait vendre des perles et des turquoises qu'il rapportait d'Arabie.

Je sens bien que tout cela est faux et que, si ce n'est pas qu'on ne veut pas me lancer sur de fausses pistes, ce qui est fort possible, il n'y a que le désir, pour la vieille, de se faire payer le voyage du Caire, pour le cafetier celui de Tantah.

Il faut s'exécuter pourtant, car comment faire dans cette Égypte si peuplée, comment retrouver mon ami, si je ne me raccroche pas aux moindres branches que je trouve ?

Et j'embarque mes émissaires, l'un pour Tantah, l'autre pour le Caire, leur promettant le fort bakchich s'ils réussissaient à retrouver mon compagnon, puis je télégraphie à mes amis d'Alexandrie et du Caire ; à Alexandrie surtout, où on peut encore espérer le rejoindre avant qu'il s'embarque et où surtout les recherches seront plus faciles en surveillant les navires en partance pour la France et pour l'Algérie.

Et j'attends, en proie à une sombre tristesse, le résultat de ces recherches; j'attends vainement trois jours et me résigne enfin à partir. Je laisse mon gros bagage chez un ami à Suez et je pars pour Alexandrie. Je vais essayer moi-même de retrouver cet introuvable.

Distraitement penché à la portière du wagon je regarde les mornes solitudes du désert égyptien se dérouler jusqu'à Ismaïlia, puis, chaque fois que nous croisons un train dans les petites stations du parcours, je fouille avidement du regard les compartiments où j'espère encore, qui sait, *voir* Hadj Akli en route pour me rejoindre à Suez. C'est en vain, la nuit tombe, je n'ai rien vu sur la route, obtenu aucun renseignement à Tantah où je suis resté deux heures, et j'arrive enfin à Alexandrie le cœur navré, croyant bien qu'il ne me restait plus qu'à rentrer l'oreille basse à

Alger,... lorsque, stupéfait, croyant rêver, je trouve sur le quai de la gare d'Alexandrie qui? précisément Hadj Akli qui attend l'arrivée du train!!!

Nous nous embrassons avec effusion, — on s'explique, — il a reçu par l'intermédiaire de ce bon M. Schuler, mon correspondant à Alexandrie, un de mes télégrammes et prévenu de mon arrivée il est venu m'attendre, « ne sachant pas s'il vivrait encore le lendemain ».

Je le trouve en effet très malade, la figure terreuse, maigre à faire peur et les yeux brillants de fièvre. Machinalement nous sommes montés dans l'omnibus de l'hôtel Abbas et nous y arrivons bientôt. Il est tard, je demande à souper, mais on hésite à nous servir dans le somptueux établissement.

J'avais oublié en choisissant cet hôtel qu'Hadj a tout l'air d'un vagabond et moi de pas grand' chose avec mon fez! Notre équipage n'est vraiment pas de tenue dans un hôtel de premier ordre.

Je parle haut néanmoins, très haut même, et le regard mauvais de Hadj aidant, on nous sert dans la grande salle, heureusement vide à cette heure, quelques aliments et nous montons nous coucher.

Le lendemain, au jour, nous quittons cet hôtel trop somptueux pour nos rôles et nous nous logeons provisoirement dans une hôtellerie arabe, aussi borgne que possible, tenue par un louche Italien quelconque.

Je conduis Hadj chez un docteur auquel je suis personnellement recommandé et celui-ci nous conseille vivement de remettre à plus tard notre voyage en Arabie, mon compagnon ayant une grosse fièvre bilieuse et le foie très congestionné; il lui faut avant tout de l'air frais, du repos et une bonne nourriture.

Nous décidons alors de partir pour Brousse et Constantinople où je pourrais, en complétant la cure d'El Hadj, prendre des documents pour l'ouvrage que je projette sur ces deux villes. On s'embarque donc à bord de la *Gironde* des Messageries Maritimes, où la plus large et la plus bienveillante hospitalité nous est offerte, et on navigue doucement, confortablement vers les Échelles du Levant....

Pendant notre séjour à Alexandrie nous avons vécu en musulmans, prenant nos repas dans les gargotes arabes, fumant des narghilés dans tous les cafés turcs et nous avons fait quelques prières dans de saintes mosquées.

A Port-Saïd pendant l'escale nous reprenons ce genre de vie, que nous ne quitterons plus maintenant d'ailleurs pendant tout le voyage.

A Jaffa nous débarquons pour quelques heures. Je fais, grâce à el Hadj, la connaissance de tout ce qu'il y a de contrebandiers, de pirates et d'écumeurs de mer dans ce joli pays. Nous mangeons un déjeuner arabe chez un gargotier de la ville et faisons, en compagnie de quelques passagers du bord, une excursion à ânes aux environs de la ville.

A Beyrouth — grande escale — nous avons largement le temps de faire une longue promenade dans les souks et bazars. Hadj rencontre un de ses vieux amis qui cumule les fonctions de portefaix en chef du port, aux appointements mensuels de 150 francs, avec la qualité d'armateur sérieux. Il possède toute une flottille de bricks et de goélettes dont la valeur atteint plusieurs centaines de mille francs.

Il fait un commerce assez actif et un cabotage fructueux entre Jaffa, Beyrouth et les Échelles du Levant. Les pastèques, les oranges et les fruits (ou les marchandises qui sont dessous) qu'il transporte lui procurent de triples bénéfices de commerçant, de chargeur et, disons-le franchement, de contrebandier.

Tour à tour donc on peut le voir porter la valise d'un touriste européen, servir d'arbitre sur le port ou écouter le rapport d'un des capitaines de sa flotte.

Il nous a libéralement invités à déjeuner, Hadj et moi, et j'ai pu tout à loisir étudier cette étrange figure, vrai type des corsaires d'antan. D'une taille herculéenne, le regard noir et brillant, les moustaches en croc, il est assez élégamment vêtu de drap fin et enturbanné de soie. La conversation roule sur un voyage qu'il fit à Paris en 1889, pour l'Exposition. Il nous énumère avec orgueil les succès de différents genres qu'il y remporta.

Hadj me dit que cet ami est comme lui d'origine *zouaoui* et tous deux ne tarissent pas d'éloges sur cette fière tribu kabyle à laquelle ils appartiennent, tribu d'où sont sortis les plus terribles corsaires, les plus hardis écumeurs et les plus sinistres chenapans de la terre!

Tribu qui a fourni plus tard à l'émir Abd-el-Kader ses réguliers fameux les *zouaouas*, dont le nom est passé à nos *zouaves*....

J'ai trouvé mon étude sur la contrebande et les contrebandiers suffisamment complète et j'ai négligé de descendre à Tripoli et à Alexandrette.

A Mersina, pour notre malheur, nous avons fait une courte escale et, le pays étant contaminé ou réputé tel, sous prétexte de choléra, dès notre arrivée à Samos on nous a refusé la libre pratique et nous avons dû brûler Smyrne pour aller purger une quarantaine de cinq jours à Clazomène.

C'en était trop pour la patience de Hadj que

la vie de bord exaspérait au lieu de le remettre. Quoique très bien traité, en première classe, il était néanmoins fort malheureux, souffrant de tout et de rien, de la contenance qu'il était obligé de garder, de la tenue qu'il fallait avoir, que sais-je?

Nous faisions, pour le distraire, de longs séjours à l'avant, en compagnie d'un des matelots chauffeurs, un Arabe algérien qu'il avait connu tout enfant.

Ce brave garçon nous rendait à chaque instant de menus services, en égorgeant, par exemple, des poulets pour nous les préparer selon les rites musulmans, pour varier notre ordinaire composé exclusivement de fruits et de légumes crus à cette table infidèle. Le maître coq y joignait bien quelques omelettes et quelques fritures à l'huile, mais Hadj rendu encore plus nerveux par la maladie s'irritait chaque jour davantage.

La mesure déborda à l'annonce d'une quarantaine de cinq jours à subir et Hadj me déclara nettement qu'il n'irait pas plus loin.

Précisément la *Gironde* faisait le voyage circulaire de Smyrne et rentrait en France par Salonique et Athènes. Il fut donc décidé que nous resterions à ce bord et que nous rentrerions directement à Alger où Hadj achèverait de se rétablir.

Je cédais à la force, mais combien me parurent tristes les journées de quarantaine dans cette baie morte et sauvage de Clazomène !

En toutes autres circonstances on aurait accepté gaiement le séjour de bord, rendu très agréable par la présence de deux voyageurs français, M. et Mme Chantre, qui rentraient d'un voyage d'exploration en Asie Mineure, et aussi par l'exquise amabilité de l'état-major de la *Gironde*.

Mais avec un malade irritable et nerveux, sentant en outre s'éloigner comme à plaisir le but poursuivi, mes réflexions ne pouvaient être gaies.

Aussi c'est bien distraitement que j'ai parcouru les rues de Salonique et visité les ruines d'Athènes. De plus mauvaises nouvelles encore m'attendaient à Marseille.

Un cruel deuil de famille m'y était annoncé

et je ne rentrais à Alger que pour retrouver une famille en larmes et prier moi-même sur une tombe fraîche.

Il fallait repartir cependant — et l'on ne tarda pas. — Hadj Akli remis, ou à peu près, par les bons soins de notre ami Abderraman el Tebibi, n'ayant plus, d'autre part, à redouter la chaleur excessive du Hedjaz en cette fin d'été, nous nous rembarquâmes à Alger sur le *Glaucus* de la compagnie Holtz, qui hebdomadairement fait un service entre Alger et Port-Saïd.

A peine embarqués, sous des noms d'emprunt, bien entendu, une agréable surprise nous fut réservée.

Comme nous venions d'arrimer de notre mieux sur le pont notre petit bagage, Hadj, pris d'une inspiration subite, remit à son frère Ahmed le fleuriste une pièce de dix francs, pour faire un *ziara* (offrande) en notre nom au saint Abderraman el Talebi, dont le tom-

PÈLERINS A BORD.

beau domine les vieux remparts de la Casbah.

Cette somme était destinée à offrir un couscous plantureux aux pauvres de cette paroisse, pour mettre notre voyage sous la protection du saint.

A peine cette charité faite, que par un curieux hasard l'armateur venu à bord au moment de la partance me reconnaît, s'informe du but de mon voyage et s'étonne que nous n'ayons pas pris nos tickets directement pour Djedda, le *Glaucus* faisant exceptionnellement escale dans ce port....

Grande joie pour nous — pas de transbordement à Suez, aucun souci jusqu'au Hedjaz, — il y avait de quoi se réjouir, et Hadj tout rasséréné y vit une preuve évidente de la protection du saint *Abderraman el Talebi* — dont le tombeau domine les vieux remparts de la Casbah....

Nous voici donc en route sous ces heureux auspices. — Dur voyage cependant!

Dix jours de mer comme passager de pont, parqués à l'avant, n'ayant pu obtenir par faveur spéciale qu'une couchette de bois, dans la soute aux cordages, empestée de vieille saumure et de goudron. Mais il fallait garder une réserve prudente, paraître pauvre, une indiscrétion de matelot pouvant tout perdre, à Suez ou à Djedda.

Vivant absolument à l'arabe, j'appris dès le départ à connaître l'inconfort et la gêne. — La nourriture surtout laissait beaucoup à désirer. Ne pouvant rien demander aux cuisiniers chrétiens, le pain emporté d'Alger devenait de jour en jour plus sec, et le reste de jour en jour plus rare.

A Port-Saïd, puis à Suez on refit bien quelques petites provisions, mais comme nous dûmes les partager avec des frères embarqués avec nous à ces deux escales, tout fut vite épuisé et c'est le ventre bien creux qu'on arriva à Djedda.

Mais en revanche depuis Suez que d'observations recueillies! Un véritable musée d'ethnographie le pont du *Glaucus*! Nous avions embarqué une foule cosmopolite de passagers venus d'un peu partout, de Beyrouth et du

Caire, de Médine et de Damas, de la Haute-Égypte, du Soudan même!...

Vivant en commun à l'avant du bateau, dès le premier jour, grâce à Hadj Akli, qui parle toutes les langues de la terre, j'avais échangé des saluts en cinq idiomes divers et nous fraternisions à qui mieux mieux, sauf avec deux Turcs, officiers subalternes à destination de Sana et d'Hodeïda au Yemen.

Ces deux Turcs et leur domestique faisaient bande à part, ne parlant que pour la forme aux Arabes, qu'ils évitaient le plus possible.

Ce n'était pas la première fois que je voyais se manifester pareil sentiment d'hostilité entre Turcs et Arabes, mais il est véritablement à l'état aigu dans toute l'Arabie.

Sur le pont du *Glaucus* les épigrammes pleuvaient sur le dos de mes Turcs.

S'ils regardaient la côte, un Arabe leur criait : « Tu regardes le pays des Arabes, le pays de notre Prophète, car il était Arabe notre Prophète (le salut soit sur lui); c'est bien là ce qui ne fait pas plaisir aux Turcs, n'est-ce pas? » —

« Mais ton Sultan n'y peut rien », ajoutait-il en riant.

Une autre fois, comme ils prenaient du thé, seuls, sans en offrir à personne, un Médinois leur dit : « Tiens, je croyais qu'entre Arabes on ne prenait pas de thé sans en offrir à ses voisins.

— Mais, répond le Turc, je croyais qu'en pays arabe, quand on voyait prendre du thé, on n'avait pas besoin d'être invité, et qui en voulait, s'approchait.

— Oui, riposte le Médinois, mais en pays arabe c'est du café que nous prenons et les voisins entendent le bruit du pilon de cuivre. Cela tient lieu d'appel, tandis que le thé se fait sans bruit ! »

Et pendant les trois jours de mer les taquineries continuèrent ainsi, à la grande joie des deux Bédouins de la Mecque, deux vieux cheiks des pays torrides, où les Turcs sont plus mal vus encore.

Très intéressants pour moi ces deux cheiks bédouins. — Deux personnages qui avaient eu cette année l'insigne honneur de guider, par terre, de la Mecque à Médine, et de Médine au

Caire, la sainte caravane du Mahamal égyptien, retour du pèlerinage.

Leur auguste mission terminée, après un court séjour au Caire, ils rentraient paisiblement chez eux.

Deux véritables rois mages, drapés dans leur léger costume, endiadémés de cordelières d'or, et qu'un esclave noir accompagnait.

D'une taille herculéenne, leur esclave, Cheik Salem, comme nous l'appelions par une innocente dérision, géant noir, aux pieds charnus d'éléphant et aux mains énormes, des mains aux doigts rigides, recouverts d'une peau calleuse et épaisse, lui permettant de saisir impunément des charbons ardents ou de tordre du fer, comme entre les pinces d'une tenaille....

Aussi bon que fort, par exemple, et très empressé au service de ses maîtres, écartant légèrement les mouches et les moustiques de leurs visages, pendant leur sommeil, les abritant du soleil avec un soin minutieux, improvisant des tentes qu'il déplaçait à tout instant suivant l'évitement du bateau.

A l'heure du dîner c'est encore lui qui préparait le frugal repas de riz bouilli et de pain noir, d'oignons crus et de dattes.

Il mangeait le dernier, seul, relativement peu pour sa taille colossale; et alors seulement, la nuit venue, les tapis et coussins préparés pour ses maîtres, à son tour il s'étendait, fredonnant, longtemps avant de s'endormir, des airs sauvages du pays noir.

Nous avions aussi à bord un petit marchand de Médine, dont les conversations étaient interminables et souvent très curieuses.

Voyageant une partie de l'année pour son négoce de Koceïr à Souakim, de Khartoum à Massaouah, de Djedda à Hodeïda et à Sana, il connaissait tous les potins des contrées qu'il traversait : révoltes contre les Turcs dans l'Yemen, développement de l'influence des Anglais au Soudan, leurs succès, leurs défaites,... ce petit homme ne tarissait pas.

Et c'était un sujet d'étude fort curieux pour moi, ces commentaires de l'histoire contemporaine vue ainsi, à rebours de la manière dont nous les envisageons.

Il fallait entendre ce politicien arabe parler, par exemple, de la prise de Tombouctou, immédiatement suivie du massacre du colonel Bonnier, ou bien raconter les péripéties du drame de Gordon Pacha, drame qu'il avait suivi de très près, disait-il, puis encore, en véritable Arabe d'Arabie, dénigrer la domination turque, son administration, etc.

« Ah! si le roi du Nedj, Ben Raschid, voulait! » terminait-il avec un profond soupir.

Et les deux cheiks bédouins l'écoutaient avidement, rêvant longuement après qu'il s'était tu, puis fredonnant des airs de guerre rythmés alternativement avec la paume de la main et l'extrémité des doigts, en une marche de combat.

Pendant tout le jour c'était ainsi des conversations par groupes, des va-et-vient aux cuisines, de lourdes siestes pendant les heures accablantes. La nuit venue, les conversations s'alanguissaient. Gorgés d'innombrables petites tasses de thé, offertes et rendues des uns aux autres, par politesse, on s'étendait pour rêver aux étoiles et se laisser bercer par le clapotis des vagues battant l'avant et le bruit sourd de l'hélice, très loin à l'arrière.

Trois jours après notre départ de Suez, nous voici en vue de Djedda. — Nous attendons longtemps un pilote, l'arrivée du *Glaucus* étant tout à fait inopinée. Il vient enfin et monte sur la passerelle : un petit bonhomme en robe longue, coiffé

ARRIVÉE A DJEDDA.

d'un pauvre turban. Le regard noir, comme brûlé, il fouille l'horizon sans baisser les paupières et commande en anglais les manœuvres de l'arrivée.

Nous jetons l'ancre à plusieurs milles de la terre, plus loin encore que de coutume, car notre capitaine est très prudent — il ne veut sans doute pas grossir le nombre respectable des navires échoués sur la côte et qui la jalonnent pour ainsi dire de leurs sinistres épaves. — Ici c'est un vapeur coupé en deux, là un beaupré qui émerge, plus loin une misaine et un bout de cheminée....

Des bancs de coraux parallèles au rivage étendent à fleur d'eau leurs sinueux enrochements et c'est une perpétuelle menace pour les navires.

Les pilotes arabes de la mer Rouge ont cependant une grande réputation d'habileté, mais... « les desseins de Dieu sont impénétrables », nous disent les bateliers qui nous conduisent à terre, véritables naufrageurs, en riant d'un large rire qui découvre leurs dents aiguës.....

« Ainsi vois-tu, mon frère, ce navire échoué là, c'était un beau vapeur venant de Mogador et de Tanger. Il était chargé de pèlerins marocains; mais le capitaine, un Anglais, périsse sa race maudite! avait été dur et inhumain pour nos frères pendant toute la traversée.... Aussi, à peine en vue de notre Terre Sainte, irrésistiblement, *malgré l'habileté du pilote*,

Dieu l'a poussé à la côte. Tous les pèlerins ont été sauvés, car Dieu est juste, mais le navire a été entièrement perdu, Dieu est le tout-puissant! Excellente aubaine pour nous, d'ailleurs,

LE PORT DE DJEDDA.

car le sauvetage d'une partie de la cargaison nous a procuré de beaux bénéfices.... »

Par grand vent, notre barque, un vieux sambouk délabré, louvoie entre les bancs, talonnant quelquefois légèrement au grand effroi des cheiks bédouins qui décidément n'ont pas le sens marin; puis il faut baisser la toile, et faire les dernières brasses à la perche, poussant péniblement le bateau à moitié enlisé dans le sable et la vase, la marée étant très basse. Puis c'est le tohu-bohu des débarquements d'Orient — cris, vociférations, bousculades, visa des passeports, tracasseries de douane et de santé, etc. Hadj Akli s'en tire à merveille, lui, mais moi, laissé dans un coin à la garde de notre bagage, pendant qu'Hadj s'acquitte de menues formalités, j'attire l'attention des policiers turcs, qui sans façon me conduisent au poste.

Mauvais début. Je ne comprends pas le turc et mon arabe d'Algérie n'est compris de personne ; mon passeport est entre les mains d'Hadj ; tout se complique et s'embrouille. Heureusement mon compagnon arrive, tout s'explique, je paie les droits de santé, les visas des passeports, plus un certain nombre de *bakchichs*, bien entendu, et nous voilà libres,... mais surveillés,... surveillés jusqu'à la demeure que nous avons choisie chez Abderraman Effendi, le drogman du Consulat de France, surveillés à notre première sortie, questionnés comme par hasard dans les magasins où nous faisons quelques menues emplettes.

Cette première soirée est triste, lugubre même. Hadj Akli baisse la tête, ne sait quelle contenance garder, quel projet faire. Cette

UN SAMBOUK.

première arrestation lui semble un mauvais présage.

Il me fait raser la tête de plus près, modifie mon costume, va, vient, nerveux, changeant dix fois par heure de projet et d'idée....

Le lendemain, après une nuit de calme et de repos, il a repris un peu de sang-froid et con=

PANORAMA

sent à faire avec moi une longue promenade dans Djedda.

La ville est bâtie au bord de la mer dans une plaine basse et sablonneuse; pas le plus petit mamelon, pas le moindre pli de terrain, une vraie plage brûlée et aride.

Inhospitalière est sa rade, déplorable est sa situation. C'est le séjour le plus insupportable qu'il soit possible d'imaginer. Des légions de moustiques vous assaillent nuit et jour, l'eau est mauvaise, la chaleur humide, accablante, et pas la moindre verdure ne vient égayer le morne et triste paysage qui l'entoure.

DE DJEDDA.

Aux portes de la ville quelques arbrisseaux épineux, abritant les pauvres huttes d'un village nègre, c'est là toute la végétation de ce pays torride et déshérité.

Les rues et les bazars sont très animés, car c'est le centre d'un grand commerce, les maisons sont bien construites en bonne maçonnerie de pierre, ornées même de fort beaux moucharabiehs, mais rien ne peut atténuer l'impression de mort et de néant qui vous obsède dès l'arrivée dans cette ville d'un autre âge, oasis de pierre, perdue sur cette côte d'une terrifiante stérilité....

Nous sommes sortis de grand matin par la porte de la Mecque et après une courte visite au tombeau d'Ève, nous avons fait le tour des remparts.

Une enceinte fortifiée entoure en effet la ville qu'elle devrait protéger contre les coups de main des tribus bédouines des environs, aux jours de révolte. Mais des brèches s'ouvrent de toutes parts dans le mur en ruines, et par places même, du côté sud-est, à peine si des moellons éparpillés sur le sol marquent la place qu'occupait autrefois le mur d'enceinte.

Hadj Akli, qui jadis a vu à l'œuvre les audacieux brigands du désert, déplore amèrement cette incurie de l'administration turque, coupable négligence à son avis, dont on se repentira peut-être un jour.

Pour rentrer en ville par la plage nous laissons à gauche l'humble cimetière des réprouvés chrétiens, qui est là, comme un caravansérail de la mort. Un mur entoure le petit champ carré où reposent dans le sable brûlant quelques Européens, consuls ou voyageurs, morts à Djedda, assassinés pour la plupart, comme ce pauvre Ch. Huber dont une modeste tombe recouvre les restes rapportés du désert, si toutefois nos consuls n'ont pas été victimes de

ENCEINTE FORTIFIÉE DE DJEDDA.

quelque sinistre supercherie, comme on le dit tout bas à Djedda.

Qu'importe! sable pour sable et désert pour désert, que sa cendre soit dispersée dans l'infini ou qu'elle soit pieusement recueillie sous cette pierre, où est gravé son nom, qu'importe! puisque son souvenir, auréolé de gloire, est gravé dans nos cœurs et que la science française a porté le deuil de ce modeste pionnier, mort au champ d'honneur.

Voici les quais, encombrés de marchandises venues de tous les pays. D'interminables files de sambouks sont tirés à terre, à marée basse, tristement penchés sur leurs quilles. Leurs voiles loqueteuses pendent mollement aux mâts; aucun souffle n'agitant l'air, on n'a pas même pris la peine de les serrer....

Le sentier que nous suivons est presque obstrué par des briques, des poutres en fer, des matériaux de toutes sortes, jetés pêle-mêle sur le sol et à moitié recouverts de sable.

Hadj Akli les voit là depuis plusieurs années.

— Ces matériaux sont destinés, me dit-il, à la construction d'hôpitaux, de lazarets et d'étuves plus ou moins fantaisistes, et qu'on ne construira peut-être jamais.

Nous arrivons sur la place de la ville, l'unique place de Djedda. — Un pharmacien, ami d'Hadj, nous accueille avec sympathie, et nous acceptons de bon cœur les inévitables tasses de thé qu'il nous offre. Il parle correctement le français, l'italien, le grec, l'arabe des divers dialectes, et l'anglais par-dessus le marché.

Très modeste et très bon, il est généralement aimé dans la ville.

Nous continuons notre promenade en ville et nos visites aux amis d'Hadj.

Il connaît tout le monde à Djedda, et on paraît même le craindre beaucoup. — On l'accueille bien, lui, mais moi on me regarde longuement d'un œil soupçonneux. Tout ce que

MAISON ARABE DE DJEDDA.

leur dit Hadj à mon sujet ne les fait pas sortir d'une réserve polie, mais froide ; surtout ce qui étonne et afflige mon compagnon c'est que personne ne nous convie à déjeuner ou à dîner,... mauvais signe en pays arabe! Décidément je suis suspect.

« Allons voir Hadj Ali Omda, me dit Akli, et nous nous confierons à lui; c'est mon meilleur ami, il nous conseillera. »

Nous voici arrivés. — Accueil cordial cette fois. Hadj s'anime et fait longuement mon éloge à son ami qui me fouille du regard, puis il lui dit franchement nos projets. Il lui parle ensuite de sa santé de jour en jour plus mauvaise : « Je souffre cruellement du foie, lui dit-il, et je ne mange qu'avec répugnance »; enfin par une ruse habile, en manifestant le grand désir de manger du poisson de Djedda, qui est fort beau, ma foi, il nous fait inviter à dîner pour le soir.

Hadj Ali Omda a convié quelques parents à ce dîner et je suis très observé. Ignorant les usages du Hedjaz, je me tiens très mal à table, paraît-il.

Il me faut manger avec mes doigts du riz frit au beurre, et j'en jette décidément trop sur mes vêtements et sur les tapis. Le poisson est accommodé à des sauces extraordinaires et, malgré tout mon courage, je ne puis l'avaler sans boire fréquemment.

Or, l'usage veut qu'on mange tout le dîner sans boire, et je dérangeais tout le monde en demandant constamment de l'eau à l'esclave chargé du service. Bref, je me conduisis là en homme très mal élevé....

Je rentre donc fort ennuyé, voyant de plus en plus près les difficultés de ma situation. Hadj Akli, qui souffre beaucoup de sa maladie de foie, est peu indulgent et me gourmande avec force.

« Tu n'es guère intelligent, me dit-il; tu ne sais même pas te tenir à table. »

Je me couche tout attristé. Je suis réveillé vers onze heures par notre amphitryon, Si Ali, qui frappe à la porte. On ouvre; il entre, et sans préambule me dit :

« Mon frère, je cherche en vain le sommeil et une idée m'obsède; il faut que je te parle. Contre toutes mes habitudes, je suis sorti ce soir, moi qui ne sors jamais après le coucher du soleil, comme tout le monde te le dira à Djedda. Je suis marié, père de famille, et ne suis nullement un promeneur du soir, mais nous avons mangé le pain et le sel ensemble, tu m'es sacré, et je viens te dire ce que j'ai sur le cœur. Ne va pas à la Mecque! tu n'en reviendrais pas. Le sable du désert est blanc des ossements de ceux qui, comme toi, ont voulu pénétrer dans notre ville sainte. »

Je lui réponds :

« Allah seul est grand, et je ne crains que lui. S'il veut me frapper, je suis dans sa main. Il voit dans mon cœur et il sait que mes intentions sont pures.

— Notre Prophète nous interdit le suicide, riposte Si Ali. Tu te jettes dans le feu; tu as tort.

— J'ai prononcé la formule sacrée : « *La ila ilalla Mohamed Rassoulalla* »; celui qui me frappera sera un mauvais musulman et Dieu le punira! »

Si Ali se retire consterné.

Au point du jour il revient cependant; patiemment, fraternellement, il me perfectionne dans les rites, m'enseigne les ablutions, les prières spéciales, et bientôt plus confiant, il ne paraît plus considérer mon projet comme une folie. Cependant il voudrait me garder près de lui au moins huit jours encore; mais comme j'ai

DÉPART DE DJEDDA. ROUTE DE LA MECQUE.

hâte d'en finir, et que d'autre part on commence à se préoccuper à Djedda de ce chrétien nouvellement converti qui veut aller à la Mecque, je décide de brusquer le départ.

Deux moyens de transport s'offrent à notre choix pour effectuer le trajet de 87 kilomètres qui sépare la Mecque de Djedda : les chameaux et les ânes.

J'aurais préféré le chameau, dont j'aime le pas berceur et la somnolente allure; le chameau, la vraie monture de ces pays désolés et arides, le chameau ridicule, le chameau récalcitrant, dont les attitudes sont grotesques mais dont le cœur est bon, le chameau qui se plaint sans cesse, quand on le charge ou quand on le décharge, en se levant et en se couchant, mais qui marche toujours sans manger ni boire, animal providentiel, fait pour le désert, pour la désolation de ces vieux pays morts, de ces solitudes sans fin....

Mais il eût fallu deux jours de voyage et nous avions hâte d'arriver, car la route est peu sûre, infestée de Bédouins pillards.

Grâce aux merveilleux baudets du Hedjaz nous pouvions, au contraire, effectuer le trajet d'une seule traite et, qui plus est, sans changer de monture! Nous louons donc des ânes.

Tout étant prêt pour le départ, je fais les grandes ablutions rituelles et revêts le ir'ham.

Le ir'ham, unique vêtement du pèlerin, se réduit à une pièce d'étoffe sans couture dont on s'entoure les reins. Ce costume rudimentaire est rigoureusement imposé au croyant qui se rend pour la première fois à la Mecque et même à l'habitant de la ville sainte qui en est resté absent plus de trente-neuf jours.

Me voilà donc en route sur mon âne, le torse nu, la tête rasée et découverte, à deux heures de l'après-midi, sous un soleil de feu. J'éprouve vivement la crainte d'une insolation et me souviens, hélas! des grandes recommandations de mon vieil ami Hadj Abderraman, recommandations dont je ne puis guère tenir compte.... Comme je fais part de mes appréhensions à Hadj Akli, vertement il me répond :

« N'es-tu pas dans la main de Dieu ? Qu'as-tu à craindre ? »

. . . .

Nous cheminons dans la plaine sablonneuse pendant environ 16 kilomètres, puis la route s'élève insensiblement, se glissant entre les montagnes dénudées du Hedjaz, dont les cirques, pareils à des cratères de volcans éteints, se succèdent les uns aux autres et s'égrènent en un long chapelet.

Le passage séculaire des caravanes a effrité les roches, nivelé les obstacles et la route aplanie ressemble très exactement au lit desséché et ensablé d'une rivière.

La nuit, sous cette latitude, tombe assez brusquement, sans long crépuscule, et nous n'aurons un peu de lune que vers deux heures du matin.

Mais les constellations brillent, en ce pays, d'un éclat sans pareil et les étoiles scintillent, innombrables, répandant une légère clarté, pâle et triste, qui laisse distinguer vaguement les choses sinistres qui nous entourent.

Ce sont des amoncellements de roches noires et calcinées, des éboulements chaotiques, qui semblent vouloir barrer le chemin. — On approche et tout à coup la fissure où se glisse la route paraît, on la franchit et de nouveau c'est un cirque noir, très rond, en coupe-gorge.

BÉDOUIN.

De loin en loin un poste turc perché au haut d'un mamelon découpe sur le ciel sa silhouette méchante, sur laquelle brille un œil rouge, lampe falote qui veut dire qu'on veille et que des gens armés sont là, prêts à tout événement.

Et l'on chemine le cœur serré, croisant sans cesse des caravanes, d'interminables files de chameaux qui glissent sans bruit sur le sable épais, conduites par de noirs fantômes avec lesquels, contre l'usage des pays musulmans, on n'échange aucun salut, aucune parole de paix.

Leurs ombres passent à vos côtés, vous frôlent et l'on s'éloigne au plus vite, la main instinctivement posée sur ses armes, toujours sur le qui-vive d'une attaque ou d'un guet-apens....

Nous sommes à Hadda, à mi-chemin. Nos ânes sont déchargés, nous faisons la prière d'Aïcheur et on nous sert à manger : des œufs frits dans du beurre de brebis. — En silence nous mangeons avec nos âniers qui interrompent à chaque instant ce maigre repas pour aller donner quelques fèves à leurs ânes, par petites poignées, dans la main,... et aussi pour surveiller les figures de nos voisins de caravansérail.

Elles leur déplaisent à nos âniers, ces figures; ils les trouvent probablement suspectes, car brusquement ils rechargent les ânes et au lieu de nous reposer quelques heures à Hadda, comme c'était convenu, nous revoilà en selle, galopant dans la nuit.

Nous traversons maintenant de grands plateaux de sable et la lune se lève.

Bien pâle, à son premier quartier, elle brille à peine plus que les étoiles, mais éclaire plus fantastiquement les objets qui profilent des ombres longues et bizarres.

Puis nous voici de nouveau dans les cirques, sombres entonnoirs, à l'horizon fermé. Un demi-sommeil s'empare de moi et je rêve.

. . . .

J'ai conscience que je touche à un moment grave de ma vie. — Que serai-je demain? — Quel accueil m'est réservé? — Au point du jour je franchirai l'enceinte redoutée. En sortirai-je?... Et toute ma vie se déroule en de rapides visions.

. . . .

Des souvenirs futiles de mon enfance se mêlent aux rêves d'amour de la première jeunesse, puis ce sont les voyages, les courses folles, les pays parcourus, Grenade et l'Alhambra, Tolède et ses vieux murs, le soleil couchant à Séville sur la Torre de Oro....

Et Malaga,... Tanger,... des clairs de lune à Tlemcen, des fantasias échevelées dans le Sud algérien, puis Damas, Brousse et Stamboul, Jérusalem, le Caire, Athènes.... De frais ruisseaux aux environs de Paris, les fleuves de France, ses jardins et ses fleurs, puis, souvenirs plus poignants, les miens, ma vieille mère qui doit bien souvent prier le soir en pensant à moi,... et encore des souvenirs de France : les amis qui m'avaient vu partir avec tant de chagrin et me croyaient perdu....

. . . .

Mais dans la nuit les clochettes des ânes tintinnabulent en insouciantes et légères sonnailles,... et mon cœur se gonfle d'espérance, et je vois le chemin du retour, la joie des êtres chers, longuement pressés dans mes bras, après ces rudes émotions.... Et nous allons, nous allons sans cesse, au trottinement des montures, vers le but mystérieux, vers l'inconnu....

Dans un endroit perdu dont j'ignore le nom — tout à ma rêverie je n'ai pas songé à le demander, — nous avons enfin fait halte. Sans mot dire, mes compagnons se sont enroulés dans leurs vêtements de laine et comme des masses se sont endormis....

Moi j'ai grelotté presque nu sur ma natte, n'osant ni parler ni bouger, pour laisser reposer mon compagnon brisé de fatigue et ne voulant éveiller l'attention de personne. J'ai grelotté longtemps, la pensée maintenant engourdie par le froid glacial des nuits d'Orient à l'heure du rayonnement, froid glacial du moins pour moi, que rien ne protégeait....

Le réveil enfin, une courte prière, et en selle....

Au point du jour nous franchissons la porte de la Terre Sainte, porte symbolique formée de deux espèces de colonnes en maçonnerie ressemblant aux piliers d'un portail de ferme, séparées par un intervalle de quelques mètres.

C'est aussi, me dit-on, la limite de la chasse,

et, passé cet endroit, il est interdit de tuer un animal sauvage ou un oiseau quelconque.

Effectivement, au lever du jour, nous croisons d'innombrables compagnies de perdrix de roches, des colonies entières de rossignols du désert, qui fuient en trottinant devant nous, sans daigner se lever, telle est leur accoutumance au passage de l'homme, devenu inoffensif pour eux. Puis ce sont des vols de pigeons ramiers qui nous entourent de véritables nuages.

Ils voltigeaient autour de nous par myriades et se posaient, très familiers, presque sous les pieds de nos montures.

Quelques imprudents tourtereaux attardés sur le sentier paraissaient même vouloir se faire écraser et je tremblais — je dis bien : je tremblais de commettre sans le vouloir un pareil meurtre.

En effet, ces pigeons sont l'objet de la plus grande vénération de la part des habitants de la Mecque. Écraser un de ces oiseaux presque sacrés, entretenus dans la grande mosquée par de généreuses distributions de mil et de sésame, eût été un véritable sacrilège et eût produit la plus désastreuse impression sur l'esprit de mes compagnons.

Brusquement, à un détour de la route, nous faisons notre entrée dans la ville sainte.

Rien ne fait prévoir son approche; elle se cache entre deux montagnes étroitement resserrées. Ce n'est qu'en pénétrant dans les premières rues que l'on est informé de l'arrivée. Pas une vue d'ensemble ne s'offre aux regards; les rues se succèdent, toutes semblables, jusqu'à la grande mosquée, enfouie, on peut le dire, à l'endroit le plus bas de la ville, mystérieusement cachée aux regards, tel un œuf au fond d'un nid....

Tout de suite après avoir reçu les souhaits de bienvenue de notre métouaf [1], Abderraman bou

---

1. *Métouaf*, en arabe, *qui fait tourner*, est le nom donné au Hedjaz à des espèces de fonctionnaires religieux, à la fois guides des prières, qui font *tourner* autour de la *Caâba* pour le *Touaf*, et interprètes, correspondants, répondants de leurs nationaux qu'ils reçoivent, hébergent selon leur condition et l'argent qui leur est donné. Il y a des métouafs pour tous les pays musulmans, métouafs des Marocains, métouafs des Syriens, des Turcs, des Égyptiens, du Bornou! même....

Chenak, nous pénétrons dans l'enceinte sacrée du Haram, la grande et unique mosquée de la Mecque.

La Caâba se dresse devant nous, majestueusement drapée de son riche voile noir.

La Caâba n'est pas, comme on le croit généralement, le tombeau du Prophète (qui est à Médine). C'est pour les musulmans la maison de Dieu (Bit Allah), le nombril du monde, et dès l'arrivée mon métouaf s'empresse de me dire :

« Mon frère, ne crois pas que tu doives adorer cette pierre, ni la soie, ni l'or qui la recouvre. Tu es ici au centre de la terre. Toutes les prières du monde musulman convergent vers ce lieu pour s'élever directement au ciel. Tu es plus près de Dieu, voilà tout. »

Il est six heures à peine. Une lueur rose colore tous les objets d'une teinte fraîche et matinale. Pieusement nous nous asseyons sur les dalles du temple et, après un instant de recueillement, nous commençons la première prière....

La mosquée est déjà pleine de monde; de

nombreux fidèles tournent autour de la Caâba, glissant pieds nus sur les dalles de marbre

LA PIERRE NOIRE.

polies, sans faire le moindre bruit, pareils à de blancs fantômes ;

Ahmed bou Chenak, le cousin de notre métouaf, me prend par la main et me fait faire sept fois le tour de la Caâba, en psalmodiant après lui à haute voix les prières de mon rite.

C'est la cérémonie du *Touaf*.

Puis il me conduit à un des angles de la Caâba pour me faire embrasser la fameuse pierre noire qui y est encastrée à hauteur d'homme dans un disque d'argent massif de 80 centimètres environ de diamètre, légèrement ovoïde.

Elle ne donne pas au baiser la sensation froide du marbre; elle a plutôt un léger parfum ambré, comme un goût de pierre à fusil. C'est, dit-on, un aérolithe, et je la crois en silex.

Comme le veut l'usage, j'ai pris à pleines mains le disque d'argent et embrassé la pierre noire; puis nous sortons de la mosquée, mon ir'ham en écharpe sur l'épaule, selon le rite malekite, et nous faisons ensemble le *Saï*.

Il s'agit d'effectuer sept fois, mi au pas gymnastique, mi au pas accéléré, le trajet qui sépare un portique sacré appelé *Safa* d'un autre portique identique appelé *Mérowa*, distants l'un de l'autre d'à peu près 500 mètres : total, sept kilomètres environ à parcourir à cette allure rapide en psalmodiant, mot à mot, après le métouaf, des prières et des litanies.

A chaque passage au Safa et au Mérowa on s'arrête un instant sur une des marches élevées de l'édifice pour réciter une prière. — Cela permet de souffler un peu avant de repartir....

Je suis dans une sorte d'hypnose qui me rend insensible à la fatigue, comme à la faim et à la soif. Cependant quand tout est fini, quand j'ai reçu à mon dernier passage à Mérowa un coup de rasoir symbolique sur la tempe, quand nous rentrons dans l'intérieur de la Sainte-Mosquée, c'est avec une grande avidité que je bois une écuelle d'eau fraîche qui m'est présentée par un officiant. Avalée d'un trait, la première écuelle est immédiatement suivie d'une seconde, aussi avidement absorbée.

La figure d'Ahmed bou Chenak s'épanouit alors car, sans m'en douter, je viens de subir l'épreuve définitive qui décide à leurs yeux de la pureté de mon cœur.

J'ai bu avec plaisir l'eau de la source sacrée

de *Zem-Zem*, puisque j'en ai redemandé ; or un chrétien ne peut, d'après leur Foi, en absorber une seule goutte sans que son gosier se serre ; il étoufferait plutôt que d'en boire. De plus, l'homme au cœur impur lui trouve un goût fétide et saumâtre.

A mon insu j'ai donc victorieusement subi l'épreuve ultime, et maintenant c'est en véritable frère que je suis accueilli dans l'hospitalière demeure d'Abderraman bou Chenak, *métouaf* des Maugrebins.

Il est dix heures du matin ; on me sert à manger quelques viandes hachées et frites, un peu de poisson et quelques fruits, du beau raisin de Taïef et du melon au sucre ; mais ma gorge est serrée, rien ne passe et mes amphitryons m'engagent à me reposer jusqu'à la prière de trois heures.

Laissé seul à mes réflexions, je pense aux miens, à la France, à cet invraisemblable voyage, à cette mystérieuse ville, où je me vois transporté comme par miracle. Les événements de la nuit se représentent à mes yeux, je revois les mirages, les hallucinations du demi-sommeil, l'angoisse de l'incertain qui m'étreignait à l'approche de l'enceinte redoutée, mais le sommeil me fuit.... Il m'a fui trois jours et trois nuits pendant lesquels j'ai vécu d'une intensité d'impression intraduisible!...

Et je me remémore les moindres souvenirs de ces jours passés loin du monde des vivants pour ainsi dire, dans cette ville surnaturelle, où j'avais comme dépouillé l'enveloppe ordinaire de la vie, pour m'abstraire dans une espèce de léthargie mystique....

A l'heure où l'accablante chaleur du jour cesse et tombe comme par enchantement, à l'heure des beaux couchers de soleil d'Orient, heure de détente et de bien-être, de délassante fraîcheur et de repos, c'est ma grande joie d'aller rêver dans la Sainte-Mosquée.

Assis à terre sur les dalles de marbre, j'écoute, ravi, la mélopée des muezzins qui des quatre minarets d'angle du sanctuaire lancent leur appel à la prière.

Ils chantent en tournant autour des balcons

de pierre qui couronnent les élégantes tourelles et leur voix s'assourdit ou s'élève selon la direction dans laquelle elle s'envole....

Tantôt à l'unisson, tantôt à contretemps, leurs voix, entrecoupées de véritables sanglots, pleurent pour ainsi dire dans le calme du soir.

Il n'est pas humainement possible de rêver mélodie plus douce, harmonie plus puissante et plus suave.

Et quel prestigieux décor !

L'horizon est étroitement fermé par les hautes montagnes qui enserrent la ville, leurs contreforts descendent presque à pic, ruisselants d'or.

La petite mosquée du Djebel-Gobbis s'enlève en or blond sur les ors fauves et mats des rochers qui l'entourent.

La fine dentelure des coupoles et les arcades de la mosquée frangent le sol de l'or brillant de leurs marbres et de leurs faïences, puis les édifices sacrés resplendissent, et la Caâba, sous sa noire draperie, semble plus majestueuse et plus sainte au milieu de cette rutilance.

Dans l'enceinte sacrée tout le monde est debout. L'iman commence la prière du soir.

Vingt mille fidèles se pressent, méthodiquement alignés, figés en une immobilité de statues.

« *Bismillah!* » dit l'iman.

Le silence est solennel et une muette adoration emplit tous les cœurs.

« *Alla Oukbar!* » Les fronts s'inclinent.

« *Alla Oukbar!* » (Dieu est grand!) reprend en chœur, à voix basse, la multitude des fidèles. Mais leur nombre est si grand que ces paroles prononcées à voix basse s'unissent en un souffle prodigieux qui vibre longuement, ardent de foi, et courbe cette foule en prière.

. . . .

Et l'oraison continue — tous les fronts touchent la terre par deux fois en signe d'obéissance et d'adoration; puis, avec une majestueuse lenteur, qui les rend plus solennelles encore, les prosternations se succèdent jusqu'au fraternel salam qui termine l'office.

La prière est finie, mais l'enchantement persiste et, silencieux, les fidèles restent assis sur le sol, rêveurs, égrenant entre leurs doigts les longs chapelets d'ivoire.

. . . .

. . . .

A l'or qui flambait partout, une lueur rose d'une douceur infinie a succédé, enveloppant tout d'un chaud rayon; puis la lueur devient violâtre et passe au gris fer. La nuit descend lentement, voilant peu à peu de son crêpe toutes ces choses mystiques.

L'ombre s'épaissit et de blancs fantômes, glissant comme des ombres sur les dalles polies, recommencent à tourner silencieusement autour de la Caâba, dont les sombres draperies se perdent bientôt dans la nuit.

. . . .

Mille lumières scintillent maintenant dans la Sainte-Mosquée, piquant la nuit d'étincelles brillantes, et le charme est rompu. Des conversations s'engagent, on s'agite, on part. — Le va-et-vient augmente et la foule s'écoule.

Il faut rentrer, monter sur la terrasse de notre maison, préparer la nuitée et faire la dernière prière du soir. Je puis tout à loisir alors reprendre le rêve interrompu, au milieu du calme le plus absolu, dans la nuit limpide et douce, sous le ciel constellé.

Les maisons de la Mecque sont toutes surmontées de terrasses, entourées de murettes à jour en briques arrangées en sorte de damier à claire-voie ; cette disposition permet à l'air de circuler, sans que le regard du voisin puisse pénétrer du dehors.

Le soir venu, invariablement pendant plusieurs mois de l'année, on monte dormir sur les terrasses.

C'est un véritable appartement à ciel ouvert ; pour les besoins de la cause la terrasse est subdivisée par de petites cloisons afin de séparer les familles, d'isoler les femmes ou les serviteurs.

Si la maison est grande, les terrasses se superposent en amphithéâtre pour rendre les séparations plus commodes et plus discrètes.

C'est l'endroit le plus agréable de la maison. On y dort étendu sur des nattes, et les nuits sont si douces et si sereines, qu'il n'est pas besoin de se couvrir; on garde simplement les légers vêtements du jour, gandourahs en mousseline de lin venus de Trébizonde, et cafetans de surah ou de batiste de coton importés des Indes.

J'ai très vite eu des amis dans la ville. Tout d'abord Abd el Wahad, Marocain d'origine, établi teinturier-tanneur dans le quartier de Moucharafa, marié à une Indienne, père de trois enfants et qui me témoigne une sincère et solide amitié. C'est lui qui m'accompagne dans mes longues promenades à travers la ville. C'est lui qui me conduisit à Mouna et, à défaut de mon compagnon Hadj Akli, retenu à la maison par sa maladie, c'est grâce à lui que j'ai pu visiter en détail la ville et ses faubourgs; c'est en sa compagnie que j'ai pu prendre quelques photographies avec une photo-jumelle habilement dissimulée dans un tapis de prière que je portais sur

LA MECQUE, VUE PRISE DU DJEBEL-GOBBIS.

l'épaule, comme presque tout le monde à la Mecque.

Un matin nous avons fait tous les deux l'ascension du Djebel-Gobbis, montagne escarpée qui domine la ville et au sommet de laquelle s'élève une élégante petite koubba.

Quelques rares pèlerins vont y faire des dévotions et surtout y accomplir des vœux. Moi j'espérais, de ce point culminant, pouvoir prendre une vue d'ensemble de la ville sainte.

C'était la première fois que j'emportais ma photo-jumelle. Le danger était double ce jour-là, par exemple. — Gravir la montagne et ne pas aller prier à la koubba, c'était risquer d'éveiller l'attention des gardiens de ce sanctuaire, toujours à l'affût de l'obole apportée par le visiteur. — Mais d'un autre côté, pour y faire une prière, il eût fallu dérouler le tapis dans lequel était dissimulée ma photo-jumelle et que nous ne pouvions cacher autre part étant donnés les costumes légers dont nous étions vêtus, longs cafetans sans aucune poche.

Dans la ceinture? il n'y fallait pas songer. Impossible donc d'aller faire la moindre ziara, la moindre dévotion dans la koubba du Djebel-Gobbis.

Nous gravîmes lentement la côte escarpée sans regarder en arrière, en gens pieux que rien ne distrait de leurs dévotes pensées; puis, arrivés au pied même de l'édifice, nous nous sommes assis par terre comme pour souffler. — Quel coup d'œil! — La ville entière se déroulait à nos pieds. L'atmosphère était si limpide que les moindres objets étaient perçus nettement dans la grande mosquée où quelques fidèles priaient déjà.

Autour de la noire Caâba de blancs fantômes glissaient — comme toujours.

Mais j'avoue que je ne restai pas longtemps en contemplation! Vite en action, la photo-jumelle, pour un panorama d'ensemble : crac! une première vue; crac! une deuxième vue; crac! crac! trois, quatre, cinq.... Tout ému, comme si je venais d'accomplir une chose prodigieuse, je reste un moment atterré, puis je me lève. « Partons », dis-je à Abd el Wahad ; et, sans mot dire, nous quittons ces dangereux parages.

Sauvés!... Ne nous avait-on pas entendus arriver ou bien les gardiens se tenaient-ils de l'autre côté, à la porte d'entrée? Mystère; mais enfin nous n'avions pas été vus et il ne s'agissait plus que de redescendre au plus vite....

Au premier détour du sentier je crois devoir rompre le silence et donner une explication à mon guide.... « Vois-tu, Abd el Wahad, j'ai de trop mauvais yeux pour voir de loin et, avec ce petit instrument, ma vue est corrigée; j'ai un œil qui voit trop loin, un autre qui voit trop près, avec cela ils voient ensemble.

— Oui, je sais, répond Abd el Wahad, c'est avec ces machines-là qu'on prend les photographies des pays, j'en ai vu de semblables autrefois à Tanger......

— Ai-je péché, frère? Dans ce cas je brise immédiatement l'instrument.

— Non, mon frère, puisque tu ne photographies pas les visages.... C'est égal, entouretoi de grandes précautions pour ne pas être vu. On te prendrait pour un espion politique et nous serions impitoyablement massacrés…. C'est déjà arrivé bien souvent ici à l'époque du pèlerinage. »

. . . .

Et je me rendis bien effectivement compte de la témérité, de la folie de mon projet de réunir les documents nécessaires à l'illustration photographique d'un volume sur la Mecque.

Ce pauvre Hadj Akli ignorant la pratique de la photographie croyait à la possibilité de faire clandestinement quelques clichés dans des quartiers isolés, ou bien des fenêtres de maisons amies, ou bien encore sur quelques terrasses et il pensait que cela suffirait.

Il m'avait laissé emporter mon appareil 13 × 18 et des plaques que nous avions habilement dissimulées dans nos bagages, au milieu de livres arabes dont la forme masquait les boîtes de plaques et la chambre noire, — mais aller planter devant le palais du grand chériff si étroitement gardé par la police turque, ou, dans les rues, les souks et les bazars, ou devant la maison du pacha, un appareil photographique si dissimulé qu'il fût, eût été pure folie et une manière non déguisée de véritable suicide.

La petite photo-jumelle seule a donc pu me permettre de prendre impunément les quelques photographies de la ville sainte qui illustrent cet ouvrage.

Et je me souviens des préparatifs de mon départ de Paris. — Quelle chance j'ai eue, je puis le dire, d'écouter le conseil prudent de cet ami qui m'avait dit : « Emportez donc toujours, à tout hasard, une photo-jumelle ».

Avec quel sourire j'avais accueilli cette proposition ! — Je me vois encore dans toute ma folle présomption.

Et dire que si cet ami ne m'avait pas pris sous le bras pour me conduire Avenue de l'Opéra, chez l'aimable M. Richard, du Comptoir général de photographie ; — si, fort obligeamment, M. Richard ne m'avait confié une photo-jumelle Carpentier, aujourd'hui j'aurais l'immense regret d'être rentré bredouille.

HACHETTE ET Cie

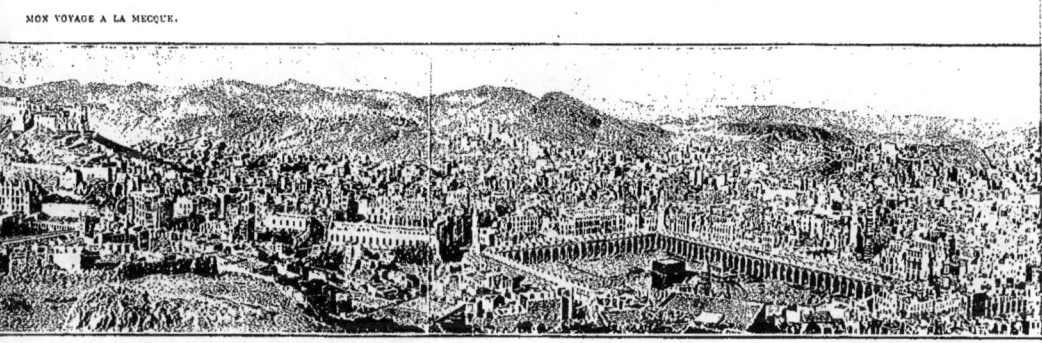

PANORAMA DE LA MECQUE
D'après une photographie de M. Gervais-Courtellemont.

PANORAMA DE LA MECQUE
D'après une photographie de M. Gervais-Courtellemont.

Le sentier par lequel nous redescendions serpentait à mi-côte, dominant encore la ville.

J'avais maintenant le cœur léger et je pouvais tout examiner à loisir, toute crainte étant désormais dissipée. — Nous étions deux inoffensifs promeneurs revenant de la koubba du Djebel-Gobbis….

Toute la topographie de la ville m'apparaissait clairement et je me rendais un compte exact de son importance. Les terrasses s'étageaient à nos pieds, surmontant toutes les maisons de leurs appartements à ciel ouvert superposés.

Le panorama en cinq planches que j'ai rapporté de cette scabreuse expédition, la première photographie qu'on ait obtenue donnant l'ensemble complet de la ville, est plus éloquent que toute description et permet de se rendre très exactement compte de l'importance de la capitale religieuse de l'Islam.

J'estime à environ 100 000 âmes la population sédentaire de la Mecque, en majorité (peut-être 75 p. 100) composée d'Indiens.

Comme je l'ai dit plus haut, la ville est enserrée entre deux montagnes, dans une étroite et longue vallée qui court du nord-est au sud-ouest.

Une rue principale la traverse dans toute sa longueur, en faisant quelques crochets, et les rues adjacentes viennent s'y souder, obliquement pour la plupart.

J'ai aussi un ami bien drôle et d'un type bien pittoresque : c'est un portefaix d'Algérie, échoué, Dieu sait comment, à la Mecque, où il vit saintement en derviche, d'où son surnom de Derwich l'Algérien.

Il passe tout son temps dans la grande mosquée, en prières et en contemplations. Aux heures de repas, des amis l'entraînent en leur demeure, que sa présence sanctifie. Il s'assoit sans façon à leur table, mangeant avec la plus grande frugalité. Sa figure est douce et bonne, il semble en léthargie et, de temps en temps seulement, le souvenir du pays le hantant à cause de notre présence, il laisse échapper un soupir en disant :

« N'est-ce pas qu'il est beau, notre pays? Ah! je voudrais bien le revoir. »

Il est plein de prévenances pour moi, m'assiste dans mes dévotions, m'aide de son expérience, et avec lui je peux parler algérien, ce qui paraît fort le réjouir.

J'ai parcouru les rues et les bazars en toute sécurité, le plus souvent guidé par Abd el Wahad, quelquefois par Derwich ou Ahmed bou Chenak. Piloté par eux, je n'avais qu'à échanger quelques salams et quelques politesses, ingurgiter docilement les innombrables tasses de thé offertes en tous lieux et en toutes circonstances, chez les amis, chez les marchands où je faisais de menues emplettes, partout.

Les professions sont établies par quartiers comme dans toutes les villes arabes et chaque jour c'était pour moi une exploration nouvelle.

Un jour chez les marchands d'étoffe, où, laborieusement, après d'infinis pourparlers et d'interminables discussions, nous faisions l'acquisition d'une ceinture, d'un turban, d'un cafetan ou d'une pièce d'étoffe.

Le lendemain, c'était au souk des parfums, le bois de rose à acheter pour notre vieil ami Abderraman, d'Alger, puis de l'huile de santal, du musc pour d'autres amis.

Un autre jour, c'était au quartier des ferblantiers, pour faire notre provision d'eau de *zem-zem*. D'innombrables artisans fabriquent sans trêve les récipients de fer-blanc, de toutes formes et de toutes dimensions, destinés à contenir le miraculeux liquide. Ils confectionnent, soudent, remplissent et vendent eux-mêmes, dans chaque petite boutique, ces précieux petits objets que tout le monde s'arrachera à notre retour au pays,... si nous y rentrons en bonne santé, avec l'aide de Dieu, comme on nous le répète à chaque instant.

Une patience plus grande encore est nécessaire pour l'achat des objets d'orfèvrerie, bijoux d'or ou d'argent.

Les orfèvres de la Mecque forment une importante corporation, dirigée et administrée comme tous les différents corps d'états, par un *scheik*, ouvrier lui-même.

Très habiles ouvriers, ils façonnent de beaux filigranes, des chaînes d'or et d'argent d'un travail très remarquable et très patient.

Ils fabriquent aussi des quantités de *djambias*, poignards que tous les Arabes d'Arabie portent à la ceinture.

Ces djambias, pour la plupart manche et fourreau en argent doré, représentent souvent toute la fortune du Bédouin et il s'en fait un grand commerce, les Arabes vendant ou achetant ces armes, qui constituent leur épargne, suivant que les années ont été bonnes ou mauvaises.

Aucun achat d'orfèvrerie ne peut se faire sans la sanction du scheik.

On commence par discuter et se mettre d'accord avec le marchand sur le prix du drachme (3 grammes environ), qui est l'unité de poids pour ces transactions, puis on se rend chez le scheik, quelquefois à l'autre bout de la ville, selon l'endroit où s'est entamée l'affaire.

Tel fut mon cas. J'avais remarqué une assez jolie chaîne d'argent doré à l'étalage d'un des nombreux marchands de bric-à-brac dont le souk se tient dans une rue adjacente au palais du grand chériff.

Il était environ dix heures du matin, le marché commençait, et Abd el Wahad me conseilla de revenir dans la journée, afin d'obtenir un meilleur prix.

J'insistai cependant, et, à regret, il engagea les pourparlers. On lui demanda un prix exorbitant, à son avis, et il se récria.

Je le supplie de m'acheter l'objet, n'importe à quel prix, et cela le blesse profondément.

Il va évidemment passer pour un imbécile — non, — c'est au-dessus de ses forces; nous reviendrons tantôt. Je le supplie de nouveau, il cède et nous revoici en pourparlers avec la vieille brèche-dents qui détient le bijou.

Elle s'entoure de courtiers marrons qui vantent à l'envi l'excellence de la chaîne. — Abd el Wahad ne dit mot, sentant qu'on veut nous exploiter, il a même l'air si malheureux, que j'ai pitié de lui et je déclare que je ne veux plus de l'objet, à aucun prix. Nous partons.

On nous poursuit bien entendu et enfin, dans une ruelle écartée, je force Abd el Wahad à céder. Le prix du drachme est convenu, nous partons chez le scheik. Nous marchons, nous marchons, sans cesse, dans un dédale de ruelles et traversons, ma foi, la moitié de la ville.

Nous arrivons enfin. Le scheik est là, devant sa boutique, accroupi sur un banc, très absorbé à arranger les innombrables maillons d'une chaîne qu'il prépare.

Abd el Wahad lui expose notre requête, qui est de lui faire peser notre bijou et de sanctionner la transaction que nous nous proposons de faire.

Il s'informe du prix du *drachme*, sourit malicieusement quand il le connaît, félicite le vendeur, soupèse l'objet, examine le travail et laisse enfin tomber ces mots : « C'est bien, je vais le peser tout à l'heure », puis il reprend sa besogne interrompue. Nous attendons patiemment et silencieusement. Avant de s'occuper de nous, il lui reste à liquider une affaire soumise à son arbitrage : querelle entre un marchand de la ville et un Bédouin nomade au sujet d'une *djambia* de forme spéciale, commandée par le Bédouin, mais qu'il ne trouve pas faite à son goût. Après un quart d'heure de bruyante discussion, au cours de laquelle tout le monde parle à la fois, le scheik prononce la sentence : il condamne le marchand à modifier la forme du poignard suivant le désir du Bédouin.

Notre tour est venu. Le vieux scheik écarte les maillons de la chaine à laquelle il travaille pour placer sa balance, puis sort ses poids d'un tiroir.

Poids bizarres s'il en fut! des fèves, des menus lingots de plomb, des noyaux de dattes, de petits morceaux d'ambre, toute une pacotille cocasse qu'il connaît très bien probablement puisque, sans la moindre hésitation, il nous chiffre, en drachmes, le poids de notre chaîne. Il inscrit ce chiffre, le prix convenu et fait la multiplication sur un petit papier qu'il revêt de son cachet et qu'il nous donne. C'est tout, il ne nous reste plus qu'à le remercier. On se serre la main.

« *Salamou aleikoum* (Le salut soit sur vous)!

— *Aleikoum salam* (Et sur vous le salut)!

Et en route pour le souk des bric-à-brac,... à l'autre bout de la ville.

Il nous faut, en effet, retourner à notre point de départ pour payer notre vendeur.

Tout d'abord se mettre en quête d'un *saraf* (changeur) pour avoir de la monnaie, discuter le prix du change, en chercher un autre parce que le premier est trop exigeant, enfin entrer en possession définitive de la chaîne à une heure de l'après-midi. Une chaîne de six francs cinquante centimes!!

Je voulais quelques chaînes pareilles pour des amis de France, et j'ai dû me résigner à employer plusieurs journées à ces indispensables pourparlers!

Dans une rue adjacente à la grande mosquée, du côté de Safa, se trouve le palais du pacha turc, du wali de la Mecque, chef politique de la ville sainte et de la province du Hedjaz.

Puis, tout près de là, l'imprimerie nationale de la Mecque, où s'éditent en temps ordinaire les ouvrages de religion, de droit ou d'histoire reconnus par le clergé.

En passant devant cet établissement, en compagnie du vieux Derwich, je me suis arrêté tout ému. Les machines chômaient, comme elles chôment ordinairement pendant plusieurs mois de l'année, mais j'eus néanmoins l'impression que j'avais devant moi une des forces de l'avenir.

Qui sait ce que ces presses imprimeront un jour, à l'heure de la guerre sainte, si elle éclate jamais!

Que de revendications sociales en sortiront peut-être pour se répandre aux quatre coins du monde et réclamer impérieusement aux usurpateurs d'Occident l'affranchissement et la liberté de l'islam!

Le nombre se laissera-t-il toujours écraser par la force et ces vieilles races endormies ne s'éveilleront-elles pas un jour de leur torpeur séculaire?

J'exprime le vœu que ce soit lentement, car le réveil serait terrible pour nous s'il était brusque et violent.

Les Indiens font une sérieuse concurrence à cette industrie locale et d'innombrables ouvrages de théologie, d'histoire ancienne, de médecine, de magie, d'explication de songes, etc., viennent annuellement des Indes et se répandent de plus en plus dans le monde musulman.

Un véritable mouvement intellectuel se dessine même, grâce à cette liberté relative de l'imprimerie, qui, il y a peu de temps encore, était étroitement limitée.

Hadj Akli et moi nous demeurons chez notre métouaf, Abderraman bou Chenak, à cinquante mètres à peine de la grande mosquée. Notre amphitryon souffre cruellement de l'estomac; insomnies, vertiges, vomissements, rien n'y manque. Comme je *dois* être médecin (tous les Européens sont médecins pour les Arabes), on m'appelle à son chevet. Pour ne pas rester coi, je lui prescris un vomitif, puisé à ma pharmacie de voyage, puis je lui fais boire pendant les vomissements de l'eau tiède additionnée de bicarbonate de soude, vrai lavage d'estomac; pour l'insomnie, quelques gouttes de laudanum dans de l'eau sucrée. Comme régime, du bouillon de poule et du raisin, exclusivement. Comme fortifiant, car il est très anémié, des frictions de vin aromatique arabe, vin blanc saturé de cannelle.

Et j'ai, sinon guéri, du moins bien soulagé mon ami, qui m'en garde une profonde reconnaissance : il ne voudrait plus me quitter, me supplie de prolonger mon séjour à la Mecque,... et je songe à mon glorieux prédécesseur, Léon Roche, obligé de fuir et sauvé presque miraculeusement par le grand chériff d'alors.... A quoi tiennent les choses !

En face de notre fenêtre un libraire indien est établi. Il passe la presque totalité de ses journées accroupi dans sa minuscule boutique, à enluminer des gravures indiennes représentant la ville sainte, la Caàba, les divers épisodes du pèlerinage, etc. Gravement, avec de tout petits pinceaux, il couvre certaines parties de jaune de chrome, puis vient le tour du vert émeraude, du bleu saphir, et du rouge pourpre. Certains endroits sont même rehaussés d'or et, sous son pinceau aussi patient qu'inexercé, peu à peu les images se colorent et s'animent.

Il est vêtu d'une longue robe jaune, sa figure jaune d'ascète est encadrée d'une longue barbe blanche, et la manière dont il étend ses couleurs est du dernier comique. Il recule la tête pour

COSTUMES DU HEDJAZ.

juger de l'effet, procède par petites touches, bref il a tout l'air de se prendre pour un grand artiste.

Homme simple et heureux, il cumule cette artistique fonction avec celle de marchand de papier à lettres, de plumes en roseau et de stylographes anglais en ébonite (!), vend de l'encre, des crayons et du papier de couleur pour l'ornementation des cafés ou des appartements, des photographies même!

Et paisible, du soleil levant au soleil couchant, hormis les heures de prières qu'il passe à la mosquée, il est toujours là, comme une figure de cire, dans son cadre bizarre.

Ahmed bou Chenak m'a fait présent d'un beau Coran tout neuf, que je n'ai dû toucher qu'après avoir fait de rigoureuses ablutions, pour ne pas le souiller du contact de mains impures.

Je l'ai emporté chez Scheik Habbeud, grand mufti malekite, qui lui aussi m'aime beaucoup et me fait, grâce à l'interprétation d'Hadj Akli, de longs sermons et d'intéressants cours de morale.

A la clef de sa demeure et par un fil de soie il a suspendu le Coran pour voir, par son oscillation, si de bons augures nous feraient prévoir un heureux retour.

Après une invocation très cabalistique, il a lâché le livre de la Foi, qui, sans hésitation, a tourné vers l'Orient, signe des plus heureux.

Tous ces prêtres croient à la magie, aux sorciers, aux djenouns, et leurs naïves superstitions sont empreintes d'une philosophie enfantine, mais morale et consolante.

Mon séjour à la Mecque n'a pas coïncidé avec l'époque du grand pèlerinage annuel, et je m'en félicite, car j'ai pu grâce à cette circonstance observer tout à loisir, sans bousculade, bien tranquille au sujet du vivre et du couvert, préoccupation qui, au contraire, devient obsédante pour l'étranger quand la ville sainte est envahie par l'effrayante cohue des pèlerins.

Le danger d'être pris pour un espion était certainement plus grand, mais je me servis précisément de cet argument comme d'une arme et répétai souvent à ceux qui m'interrogeaient :

« Si j'avais une mauvaise intention à cacher, j'aurais profité du pèlerinage pour me dissimuler dans la foule, où j'aurais été littéralement perdu au milieu des étrangers de toutes races et de tous pays. »

Scheik Habbeud, mon ami le mufti malekite, me fit cependant observer que je pouvais me féliciter de la latitude extrême accordée de nos jours aux étrangers voulant séjourner dans la ville en dehors de l'époque des pèlerinages.

« Autrefois, me dit-il, c'était bien différent. Il y a sept ou huit ans à peine, on faisait encore évacuer la ville sitôt les cérémonies religieuses terminées.

« Trois jours après le retour d'Arafat, des crieurs publics parcouraient les rues de la ville sainte en criant :

« Allons, pieux pèlerins, le moment est venu
« de regagner vos patries. Demain partiront les
« caravanes d'Égypte et de Syrie. Tels navires
« sont dans le port de Djedda, attendant ceux
« d'entre vous qui désirent rentrer dans leur
« pays. Ils vont bientôt lever l'ancre, et avec
« l'aide de Dieu vous rentrerez chez vous sains
« et saufs, couverts de bénédictions. »

Et comme il aimait beaucoup à conter des histoires, des fables, ou des poésies, il me fit ce récit à l'appui de ce qu'il venait de me dire :

« Du temps d'Abd el Montaleb, le salut soit sur ce saint homme ! vint un jour à la Mecque, pour faire son pèlerinage, un roi des Indes, suivi de toute sa famille et de nombreux serviteurs. Il avait apporté avec lui de grands trésors, dans l'intention de se fixer pour toujours dans notre ville sainte.

« Il accomplit pieusement toutes les cérémonies du pèlerinage et ne prêta nulle attention aux avis des crieurs publics annonçant aux pèlerins que l'heure du départ était venue.

« Selon son habitude, il continuait à venir tous les soirs faire dévotement de nombreux tours de touaf autour de la Caâba....

« Un soir qu'il priait dans le Haram, Abd el Montaleb s'approcha de lui et sévèrement lui demanda les raisons qui le faisaient ainsi prolonger son séjour malgré les usages.

« Accorde-moi l'aman, ô mon vénérable frère,
« donne-moi ta confiance, et je vais tout te dire.
« J'étais roi dans les Indes et mes vastes domaines
« me donnaient à profusion tous les biens de la
« terre. Mes richesses étaient incalculables.
« D'inépuisables mines d'or, d'argent et de
« pierres précieuses multipliaient fabuleuse-
« ment mes trésors.

« Mon peuple, qu'un commerce très actif enri-
« chissait, me payait régulièrement de lourds
« impôts.

« Trois fleuves arrosaient mon royaume. Mais,
« prince sans sagesse, je voulus étendre mes
« conquêtes et agrandir encore mon puissant
« empire.

« J'ai fait la guerre à mes voisins, qui ne
« demandaient cependant qu'à vivre en paix,
« comme ils avaient vécu du temps de mes
« ancêtres. Par ma faute, des milliers d'hommes
« ont succombé.

« Fatigué de ces guerres stériles, mon peuple
« se révolta. Les complots succédaient aux com-
« plots et pour les réprimer je devins un tyran
« cruel et sanguinaire.

« J'ai fait périr dans les plus affreux supplices
« des hommes qui auraient dû vivre honorés,
« entourés d'estime et de respect, les hommes les
« plus courageux et les plus belles intelligences,
« qui les premiers, naturellement, s'étaient lassés
« de subir le dur esclavage sous lequel j'écra-
« sais mes sujets.

« Hanté de sombres visions, vivant dans une

« perpétuelle terreur, j'en arrivai à ne plus
« goûter aucune joie sur la terre.

« Les accords délicieux de la musique la plus
« savante, les danses des légères bayadères, les
« festins et les chasses, les fêtes et les plaisirs,
« rien ne parvenait à me distraire.

« Le sommeil me fuyait, et avec mon chagrin
« mon délire augmentait. Chaque jour mes vio-
« lences terrifiaient davantage mes sujets jus-
« qu'aux limites de mon royaume et comme un
« vent de mort et de tristesse planait sur mon
« pays.

« Dieu m'éclaira : il est le généreux!...

« Alors, pris de remords, j'ai décidé de tout
« abandonner et de venir terminer mes jours
« dans la prière et dans le bien. — Ne me re-
« pousse pas, je t'en supplie,... laisse-moi mou-
« rir sur ce sol sacré, afin que je repose au
« cimetière béni de la Mecque, au Maâla[1], qui
« est l'antichambre du ciel.

« — Dieu appréciera ton repentir s'il est sin-
« cère, lui répondit Abd el Montaleb, mais ton

---

1. Maâla, le cimetière de la Mecque où sont enterrées la mère du Prophète et sa femme préférée Aïcha.

« erreur est grande si tu crois que l'ensevelis-
« sement de ton corps dans ce saint lieu te
« donnera le moindre privilège devant la sou-
« veraine justice du Tout-Puissant. Beaucoup
« de croyants pensent comme toi et se trompent,
« mais tu peux toi-même t'en convaincre....

« Va ce soir dormir seul au Maâla, sur une
« simple natte, et demain reviens ici me dire ce
« que tu auras vu. »

« Le roi indien obéit fidèlement et seul gagne
le cimetière. — Il veille et prie. Ses yeux cher-
chent anxieusement à fouiller la morne solitude.

« La nuit est entièrement venue, nuit d'opale
et de rêve.

« L'heure avance.

« De molles et flottantes visions commencent
à s'estomper dans l'indécise clarté, puis les
apparitions se précisent, des ombres humaines
s'agitent confusément autour de fantastiques
chameaux pesamment chargés....

. . . .

« C'étaient, me dit Scheik Habbeud, les chameaux sacrés (djemel khadra) qui viennent
toutes les nuits apporter au Maâla les corps

des pieux musulmans morts loin de notre ville sainte et que le Tout-Puissant veut substituer dans le sol sacré aux dépouilles des musulmans indignes qui y avaient été placées.

« Les chameaux sacrés emportent leurs corps réprouvés vers de lointains pays, jusqu'au jour du pardon ou du châtiment....

. . . .

« Le roi indien vit donc avec une terrifiante netteté ce redoutable mystère s'accomplir sous ses yeux et les chameaux sacrés se charger et se décharger sans relâche, jusqu'à l'aube naissante.

« A l'heure convenue, dans la mosquée sainte il retraça à Abd el Montaleb les scènes dont il avait été témoin, et celui-ci avec bonté lui dit :

« Eh bien, tu peux partir pour ton pays
« maintenant, puisque tu as vu, de tes yeux vu,
« qu'il ne suffisait pas de mourir au Hedjaz pour
« mériter le ciel. — Rentre chez toi, accomplis
« pieusement les prières, fais le bien et espère....
« Dieu est le miséricordieux. »

. . . .

« Je n'en finirais pas, ajoute Scheik Habbeud, si je voulais te raconter les innombrables miracles qui s'accomplissent journellement ici, preuves éclatantes de la souveraine justice d'Allah :

« Il y avait une fois en pays *roum* [1] le fils d'un roi maure d'Andalousie qui avait été fait prisonnier et réduit en esclavage.

« Le roi chrétien le prit à son service et l'employa comme jardinier. — La fille de ce roi lui apparut un jour resplendissante de beauté et de grâce.

« Leurs regards se croisèrent, il lui offrit une fleur qu'elle ne repoussa pas et comme un feu brûlant s'infiltra dans leurs veines. Ils s'aimaient....

« Tous les soirs elle revint au jardin, de jour en jour plus aimante et souffrant davantage de l'obstacle infranchissable qui les séparait. —
« Abjure ta religion, lui disait-elle suppliante,
« et j'obtiendrai facilement ta grâce de mon
« père, qui ne saura pas résister à mes larmes et

---

1. Roum, chrétien.

« qui nous unira. » — Le trouvant inébranlable dans sa foi, elle n'insista plus, et un jour de tristesse et de désespérance, au contraire, lui demanda ce qu'il fallait faire pour devenir musulmane : « Prononcer la formule sacrée, lui répondit-il : *La ila ilalla Mohamed Rasoulalla* ». — « *La ila ilalla Mohamed Rasoulalla* », murmura-t-elle d'une voix inspirée, affaiblie et douce comme un écho....

« Dieu l'avait touchée de sa grâce.

« La main dans la main, ils goûtaient une joie délicieuse, infinie, quand, surpris par le roi, brutalement ils se virent arrachés à leur rêve : lui jeté au fond d'un noir cachot, elle accablée de reproches par son père irrité.

« Ses larmes eurent cependant raison du courroux paternel et l'esclave eut la vie sauve.

« Chassé du palais, il se trouvait libre, mais l'idée ne lui vint même pas de retourner dans sa patrie. Obstinément il persista à rôder autour de la demeure de sa bien-aimée, espérant toujours la revoir.

« Mais la princesse, minée par le chagrin,

s'étiolait à vue d'œil comme une fleur brisée. Elle mourut.

« On l'ensevelit au cimetière des roums. — Son amant désespéré, fou de douleur, eut l'horrible pensée de violer le secret du tombeau pour revoir une dernière fois ses traits chéris. Il lui avait, au temps de leurs amours, fait un humble présent, un modeste bracelet d'argent qu'elle avait juré de porter jusqu'à son dernier jour.

« Dans son désespoir il voulait reprendre à la terre ce pieux souvenir pour le garder toujours.

. . . .

« La nuit est noire, il creuse fiévreusement le sol de ses mains. — Il touche au but, mais, ô terreur! c'est le cadavre d'un vieil Arabe qu'il découvre.

« Le mort est vêtu d'un riche costume de la Mecque et entre ses doigts crispés brille un riche chapelet en perles fines....

« Poussé par une force surnaturelle, il s'empare de cet objet précieux et s'enfuit.

« Il marche longtemps, endure des fatigues

et des privations inouïes, mais enfin arrive à la Mecque. — Ayant tout perdu sur la terre, il avait voulu se rapprocher de Dieu, et mourir en terre sainte.

« À peine arrivé, il court se prosterner devant la Caâba, puis continue ses oraisons en égrenant machinalement le chapelet de perles.

« Soudain un jeune homme se précipite sur lui.

« Misérable ! s'écrie-t-il, d'où te vient ce cha-
« pelet ? Il n'a pas son pareil au monde, et mon
« père a voulu qu'il soit enseveli avec lui, au
« saint Maâla.

« Profanateur de sépultures, tu as dû le voler
« dans sa tombe ! »

« On se presse autour d'eux et, au milieu des vociférations, il est traîné devant le tribunal du cadi.

« D'où te vient ce riche objet ? » lui demande sévèrement le juge.

« Je l'ai trouvé au pays roum, d'où je viens », répond le voyageur, et il raconte longuement sa triste histoire.

« Et l'auditoire ému, frappé de son air de sincérité, l'écoute avec recueillement.

« Allez au Maâla, décide le cadi. Toi, jeune homme, tu reconnaîtras facilement la tombe de ton père, et avec l'aide de Dieu nous saurons bientôt la vérité. »

« On va, on creuse le sol et, à la stupéfaction générale, c'est le cadavre de la belle princesse chrétienne qui est découvert. Parée de riches atours, elle semble dormir d'un pur sommeil de vierge et à son poignet brille l'humble bracelet d'argent.

« C'est avec foi qu'elle avait prononcé la formule sacrée : *La ila ilalla Mohamed Rasoulalla*, et les chameaux fantômes avaient fait leur office. »

. . . .

Et souvent Scheik Habbeud me faisait de semblables récits, m'ayant pris en véritable affection et voulant me convaincre intimement de la vérité de tous leurs saints mystères....

Je le trouvai plus rebelle aux curiosités que j'osais un jour lui exprimer au sujet des origines de la langue arabe :

« Nos savants prétendent que l'écriture arabe dérive, en partie, de l'hébreu, lui dis-je.

— Quelle imposture! répliqua-t-il indigné : nous avons, dans notre *Musée des livres*, des manuscrits antiques, *en caractères isolés*, remontant aux premiers âges, bien avant Sidna Mohamed, notre Prophète (Sallali ou Sellam). »

Et comme j'exprimais vivement le désir d'en voir un exemplaire, pour m'instruire :

... « Peut-être demain t'en apporterai-je un, car il ne te faut pas compter pouvoir pénétrer dans notre *Musée des livres*. Si tu prolongeais ton séjour parmi nous, dans quelques mois peut-être je pourrais t'y conduire, mais ce serait folie de ta part d'oser croire qu'il me serait possible de prendre sur moi aujourd'hui pareille responsabilité.

« Je t'ai cependant *pesé avec mes yeux* et j'ai confiance en ta sincérité, mais je ne suis qu'un humble serviteur de Dieu et il n'est pas en mon pouvoir de faire tout ce que je voudrais faire pour toi.... »

Puis il ajouta : « As-tu vu sur le chemin de Mouna les *pierres écrites* ?

— Oui, lui répondis-je, à gauche du chemin, à quelque distance de l'entrée du village, mais ce sont là des inscriptions couffiques relativement modernes et dénuées pour moi d'intérêt scientifique.

— Autrefois, me dit-il, sur le chemin d'Arafat, se trouvaient des pierres écrites ornées d'images et de figures humaines remontant aux temps préislamiques, mais les Wahabites les ont détruites. »

Et ce fut tout ce que j'obtins de mon ami Scheik Habbeud; le lendemain, bien entendu, il ne m'apporta pas le précieux manuscrit et le mystère se referma pour moi.

Quel intérêt scientifique de premier ordre n'y aurait-il pas cependant à s'assurer de l'exactitude de son dire, et pourquoi de savants musulmans (comme Hamdi Bey, par exemple, si puissant auprès du sultan de Constantinople) ne s'attachent-ils pas à éclairer le monde occidental sur les origines si obscures de la langue arabe !

Quelles prodigieuses conséquences la découverte de la vérité n'entraînerait-elle pas au point de vue de l'histoire du peuple arabe, si, comme j'en suis convaincu, la langue arabe est une des plus vieilles du monde, peut-être même la mère de toutes nos langues!

Peut-être serait-on amené à reconstituer plus exactement l'histoire de ce grand peuple arabe des premiers âges, si inconnu. — On écrit l'histoire de ce pays par morceaux, exagérant sans doute l'importance historique de certaines peuplades du nord parce qu'on connaît mieux leur histoire, tandis que celle de l'Arabie centrale reste muette et fermée, comme ses déserts.

Et l'Yemen, qui fut certainement un pays merveilleux, un des plus riches de la terre probablement, qu'en connaissons-nous?

Les maisons de la Mecque, comme celles de Djedda, sont bâties en bonne maçonnerie de pierre et de mortier et consolidées même par des poutres de bois noyées dans les murs.

Elles ont deux, trois et jusqu'à cinq étages.

Toutes sont ornées de moucharabichs en bois des Indes, souvent fort bien travaillés.

Quelquefois le caprice de l'architecte a donné

à ces gracieux avant-corps des formes très heureuses, qui ne manquent pas d'une véritable esthétique. Intérieurement les maisons sont aménagées avec intelligence et surtout en vue du confortable. Les étages supérieurs sont les plus recherchés, car c'est là seulement qu'on peut espérer établir quelques précieux courants d'air et respirer un peu. — Mais, sans contredit, ce qu'il y a de plus agréable dans les maisons arabes, ce sont les terrasses, utilisables, par malheur, la nuit seulement.

Les rues sont assez bien entretenues par les habitants eux-mêmes. Leur aspect rappelle de très près celui des rues de Damas ou du vieux Caire. On est forcé de rendre hommage au grand esprit de solidarité qui règne dans la ville, où les corvées de nettoyage se font pour ainsi dire bénévolement, puisqu'on ne paie à la Mecque ni impôts, ni patentes, ni contributions d'aucune sorte, et que, par suite, aucun système de voirie ne paraît y être organisé, à part l'enlèvement des immondices, effectué à dos d'ânes.

Vers le sud-ouest de la ville, sur la route de l'Assir, j'ai fait de longues promenades. Tout d'abord, à peine sorti des faubourgs de la ville, on traverse un grand village nègre.

Drôle de village, bâti, qui le croirait? avec le fer-blanc de bidons à pétrole!

Il faut qu'il se

MAISONS DE LA MECQUE.

fasse à la Mecque une consommation considérable de ce combustible, pour qu'on ait pu bâtir ainsi presque une ville entière avec les débris de ces récipients.... Il est vrai qu'il est d'usage de laisser brûler les lampes toute la nuit, aussi bien dans les rues et dans la mosquée que dans les appartements particuliers; j'en ai vainement demandé la raison.

En quittant ce village nègre, on arrive à une petite oasis arrosée par un faible courant d'eau qui sort d'un grand réservoir en maçonnerie.

Quelques hectares de jardins et de maigres luzernières, une centaine d'arbrisseaux épineux et autant de palmiers, c'est là cette oasis. Mais combien j'aimais à m'y rendre cependant pour voir un peu de verdure et entendre le bruissement de l'eau qui coule! Dans ce pays torride et calciné, sans végétation, vrai monde mort, cette pauvre petite prairie était pour moi le souvenir, le rêve, le passé,... l'espérance.

L'espérance surtout, l'espérance de revoir les belles prairies de France, les ruisseaux murmurants et les frais ombrages du pays. Je baignais mes mains dans l'eau fraîche, je me mouillais les tempes et je rentrais plus gai, plus fort, au sombre logis de l'exil.

En dehors de cette petite oasis, pas la moindre verdure à la Mecque qui mérite d'être citée.

LE PALAIS DU GRAND CHÉRIFF SUR LA ROUTE DE MOUNA.

Pour être exact il faut pourtant noter les quelques palmiers ou grenadiers qui ornent les pauvres jardins de la maison d'Abd el Montaleb et d'un des palais du grand chériff.

J'ai encore un arbre à citer, mais ce sera bien tout cette fois! C'est un vieux figuier sycomore, au moins centenaire, à l'abri duquel se tient le marché aux moutons, presque hors la ville, sur la route de Mouna.

Le grand chériff avait trois palais à la Mecque, mais l'un d'eux vient d'être détruit par un violent incendie.

Le second, le plus ancien et le plus beau, s'élève dans la rue principale, à cinq cents mètres à peine du Haram. Son architecture est fort belle et il est orné de superbes moucharabichs anciens, d'un travail délicat, rappelant le style vénitien. A signaler aussi les heurtoirs en bronze de ses portes, d'une grande beauté d'exécution.

Le troisième palais est plutôt une maison de campagne. Il est situé à l'extrémité nord de la ville, sur la route de Mouna.

DÉBRIS DE L'ÉTUVE CONSTRUITE A L'ENTRÉE DE LA MECQUE, SUR LE CHEMIN DE MOUNA.

Il est de construction moderne et entouré d'un jardin. C'est en face de ce palais que le service sanitaire turc avait fait établir une étuve destinée à désinfecter les vêtements des pèlerins à leur retour de Mouna, étuve dont les débris jonchent le sol aujourd'hui.

Quelle aberration avait bien pu pousser des médecins à construire, dans la ville même, une étuve à désinfecter?... Et puis un local de 4 mètres sur 8 à peine était-il suffisant? Dans quelles conditions 300 000 pèlerins auraient-ils attendu leur tour? — La révolte a été d'ailleurs immédiate. Quelques scheiks arabes ont pénétré chez le grand chériff et, avec colère, lui ont fait part de l'irritation générale.

« On veut dévêtir nos femmes, sous prétexte de purifier leurs effets, et tu tolérerais cet opprobre!

« Tu ne serais pas digne d'être grand chériff. Si tu n'es qu'une femme, nous sommes des hommes, nous!

« Nos poignards sont aiguisés. Nous avons nos linceuls sous le bras!

« Veux-tu la guerre? Nous sommes prêts à mourir. »

Et pendant que le saint personnage réfléchissait, ne sachant quel parti prendre, les Arabes, au dehors, se faisaient justice eux-mêmes et détruisaient le ridicule édifice, qui portait un défi au bon sens et à l'humanité, comme à la science et au progrès qu'il prétendait représenter!...

FEMME DE LA MECQUE

Les femmes, à la Mecque, ont le costume le plus disgracieux qu'il soit possible d'imaginer.

Dans la rue elles ont la silhouette de ces espèces de sauterelles des prés que nous appelons les *mantes religieuses*. Leurs jambes, que le costume fait paraître toujours grêles, sont enserrées dans des caleçons collants jusqu'à la cuisse, plus vilains encore que ceux des Tunisiennes, et, de leur bizarre coiffure, tombe un voile de couleur sombre qui, s'arrêtant souvent à mi-jambe, complète la ressemblance avec l'insecte ridicule auquel je suis obligé de les comparer!

La vérité me force à dire cependant que cette peu séduisante apparence doit cacher bien souvent de fort jolies personnes, et de Circassie, comme de la Perse, de l'Abyssinie, de Syrie et d'Égypte, il ne doit pas venir à la Mecque que des laiderons,... surtout comme esclaves.

Car l'esclavage subsiste encore au Hedjaz et personne ne s'en plaint d'ailleurs. Le sort des esclaves y est en effet très doux.

Ils sont traités plutôt comme des enfants, c'est-à-dire qu'ils doivent une obéissance passive et sans réplique à leur maître et, de même qu'un père un peu vif va jusqu'à frapper ses enfants au visage, de même le maître un peu irritable ira jusqu'à gifler son esclave, mais jamais plus loin, par exemple. La loi est formelle : il est rigoureusement interdit de frapper un esclave ou de lui infliger n'importe quel mauvais traitement. Le Coran ne transige pas à ce sujet, et la répression pour toute contravention à cette loi serait inexorable. Si j'ajoute qu'avant d'acheter un esclave, l'usage veut que le futur maître lui demande avant tout : « Veux-tu me servir ? » et que si la réponse était négative rien au monde ne pourrait l'y contraindre et qu'il serait absolument impossible de conclure le marché, on verra que l'esclavage est singulièrement adouci dans l'Arabie contemporaine.

Le combustible est très rare à la Mecque. On y brûle beaucoup de fiente de chameau desséchée, un peu de bois, et enfin un mauvais charbon fait de cassie sauvage qui brûle très vite en laissant une cendre blanche impalpable.

La cuisine est très simple mais, si le beurre de brebis n'était pas exclusivement employé à sa préparation, elle serait assez appétissante. Malheureusement ce goût de suint répugne longtemps aux palais européens. On s'y habitue cependant, il le faut bien ; peut-être même, à la longue, finirait-on par l'aimer puisque le sultan de Constantinople ne mange, dit-on, que des plats accommodés au beurre de brebis qu'il reçoit du Hedjaz.

Mes journées sont assez monotones à la Mecque. Comme en arrivant nous avons, selon l'usage, remis une somme d'argent à notre métouaf pour le défrayer d'avance de ce que lui coûterait notre séjour, nous n'avons à nous préoccuper de rien. C'est lui qui nous héberge, s'occupe de tous les petits détails de la vie, fait préparer nos repas, se charge de notre blanchissage, veille à tout en un mot.

Nous n'avons donc qu'à nous laisser vivre. — Je ne dois pas paraître trop curieux de ce qui se passe dans la ville et manifester trop souvent le désir de sortir. Je prie donc beaucoup et dors encore davantage, car il fait si atrocement chaud que le moindre effort coûte terriblement.

Le matin, au réveil vers les six heures, on nous sert comme premier repas une espèce de galette feuilletée rappelant de très près notre galette du Gymnase, avec cette différence cependant qu'elle est préparée au beurre de brebis, comme toujours, et par conséquent elle sent d'une façon un peu excessive le suint et le rance!

Elle est, à part cela, soigneusement faite et abondamment arrosée de lait sucré ou de miel.

Quelquefois, pour changer, elle est accommodée aux amandes pilées ou aux pistaches....

A onze heures on nous apporte le principal repas : sur une table basse sont servis à la fois tous les plats et hors-d'œuvre qui le composent : radis, bouillon de mouton au vermicelle, petites saucisses de mouton grillées, tomates farcies, poisson frit, poulet à la sauce rouge, melon coupé en petits morceaux et arrosé d'eau sucrée, riz frit dans le beurre, etc.

On mange un peu de tout cela, gloutonnement, avec les doigts, et tout est expédié en moins de dix minutes!

Amdoulillah! (Grâces à Dieu!) et c'est fini; on se lave abondamment les mains, on se rince la bouche et en avant le chapelet.

A trois heures, un petit repas dans le même

genre mais moins copieux, et c'est tout jusqu'au lendemain.

Mais par exemple, en dehors de ces repas, toute la journée, à tout propos et même hors de propos, il faut ingurgiter du thé, encore du thé, toujours du thé. La politesse veut qu'on vous en offre trois tasses, coup sur coup, et la politesse veut que les trois tasses soient religieusement absorbées.

C'est évidemment une conséquence de l'influence indienne, mais que de thé!... Il est vrai que lorsque, par exception, on vous offre du café, votre sort n'en est pas plus heureux : en effet, cet excellent moka de l'Yemen, ô profanation! est légèrement brûlé, puis concassé et infusé avec des clous de girofle, du gingembre ou de la cannelle! On vous le sert généralement sans sucre et épais comme du chocolat espagnol; c'est décourageant.

Il reste l'eau, qui fort heureusement est limpide et bonne à la Mecque.

Amenée des montagnes de Taïef par une conduite en maçonnerie très bien entretenue, elle est puisée dans la conduite elle-même, par des regards ouverts de distance en distance. Des esclaves y plongent des espèces de seaux en peau de chèvre, avec lesquels ils remplissent les outres des porteurs qui la transportent à domicile sur leur dos, à âne, ou même à chameau. Dans les maisons, on la conserve dans de grandes jarres en terre poreuse, comme en Égypte.

De tous les quartiers de la Mecque, celui qui m'intéressait le plus était le souk des Bédouins.

Sur une petite place à l'extrémité nord de la ville se tient tous les matins ce curieux marché.

Le langage de ces Bédouins est dur et sauvage. Ils sont littéralement brûlés par le soleil et leur accoutrement original ne manque pas d'une certaine grandeur et en fait des types tout à fait étranges.

Vêtus d'abord d'une chemise serrée à la taille par une ceinture, ils portent en sautoir des cartouchières, poudrières, coutelas, revolvers même, tout un arsenal, mais surtout, invariablement, passé dans la ceinture, le terrible *djambia*, poignard à la lame extrêmement recourbée.

Drapés dans la *méchela*, manteau sans manches, d'une grande ampleur, ils sont enfin coiffés du *smoda*, sorte de foulard de soie bariolée, tissé à Damas ou à Bagdad, et retenu sur la tête par le *haougal*, formant diadème. Le haougal est une espèce de cordelière, moitié or, moitié soie noire, alternant par canneaux.

Riches ou pauvres, chameliers ou grands seigneurs, tous se drapent à l'antique dans ce curieux vêtement; ils parlent avec emphase, font de larges gestes, ont une démarche majestueuse et une allure tout à fait théâtrale.

On leur vend des chaussures, des vêtements d'occasion, des pistolets, des sabres, des fusils, des cafetières, des mors de brides, des fers à cheval, des lanières de cuir, de la verroterie et toute une pacotille de bimbeloterie.

Eux, de leur côté, apportent quelques menus travaux de leurs femmes : blagues à tabac ou sacoches en peau, avec cordons en cuir multicolores finement tissés ou tressés; des cartou-

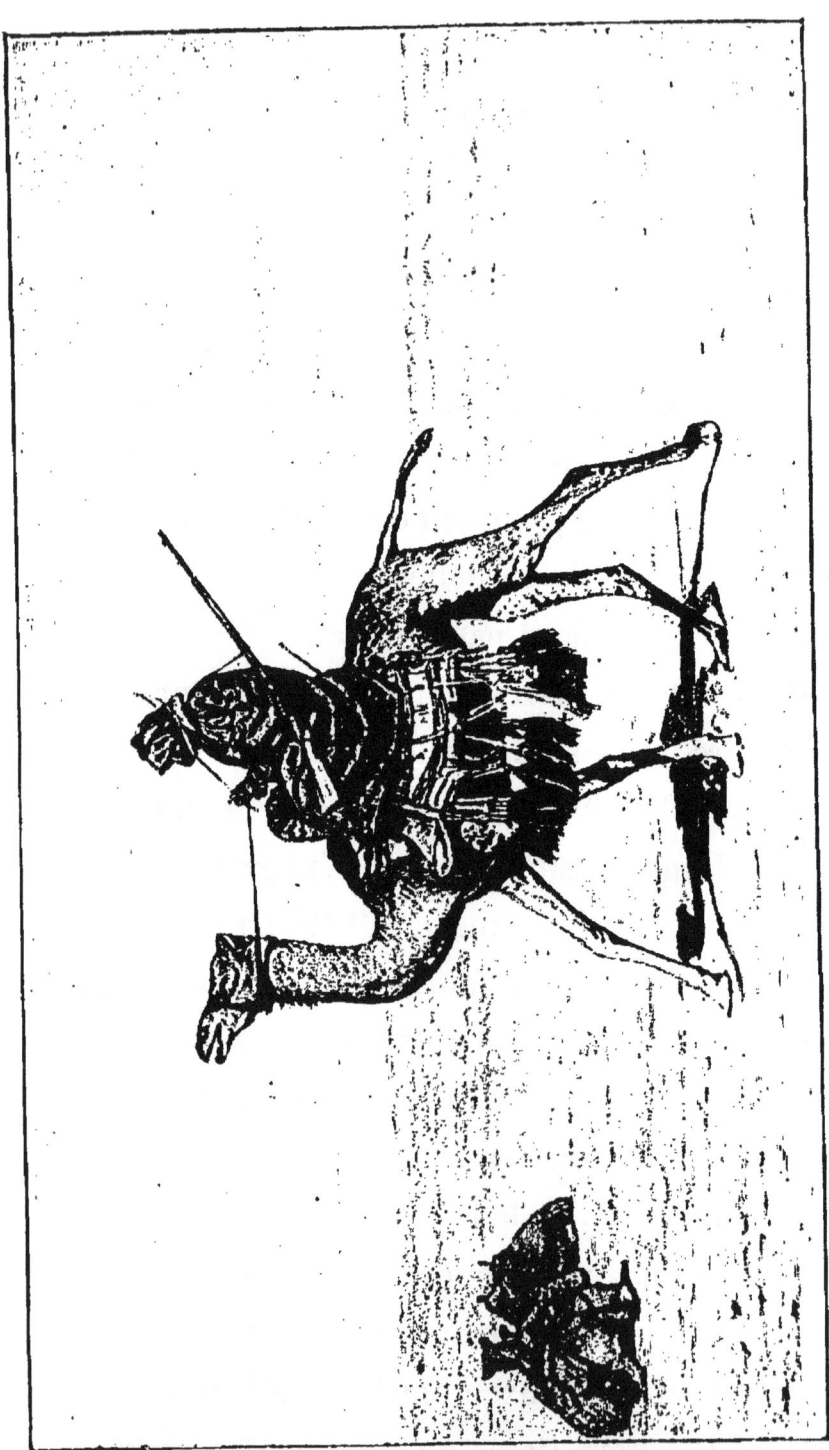

BÉDOUIN DU HEDJAZ.

chières en cuir noirci, piquées au marteau de petits clous d'argent, des cordes en cuir tressé, des cafetières bédouines au très long bec, d'une forme étrange, spécialité de quelques montagnards des alentours.

Ils se considèrent tous comme de race noble et leur fierté d'allure est vraiment magnifique. Ils sont restés les hommes libres par excellence, n'acceptant aucun joug. Leur pays est encore aujourd'hui la vraie terre de la liberté, exempt qu'il est d'impôts et libre de toute loi restrictive.

Ce sont les assassins de Charles Huber, ce sont les gardiens jaloux de leur sol inviolé. Ce sont eux qui défendent les sépultures de leurs ancêtres, où se cache le secret des origines de la langue arabe.

Ils nous empêcheront peut-être bien longtemps encore de pénétrer au pays de la reine de Saba et c'est avec eux qu'il faudra compter quand on voudra éclaircir l'intéressant mystère de cette Arabie, dont la civilisation antique, qui fut des plus brillantes, reste un secret pour nous, tandis que l'Assyrie et l'Égypte nous livrent leurs trésors....

. . . .

Coudoyés dans leur souk à la Mecque, ils m'apparaissent comme de noirs fantômes du passé, dépaysés déjà dans cette grande ville arabe, eux les hommes du désert infini, des solitudes mortes et des horizons brûlés.

En compagnie d'Abd el Wahad, j'ai fait inopinément, un matin, l'excursion de Mouna.

Je n'avais confié ce projet à personne, car il eût été bien difficile de justifier le sentiment de curiosité qui me poussait à aller visiter ces lieux saints, à une époque où ils sont complètement déserts.

Je me levai donc avant le jour et, sortant seul de la maison, je m'en fus chez Abd el Wahad. Je lui fis part de mon intention et, sans trop se faire prier, il consentit à me conduire.

Il alla chercher deux petits ânes pour nous servir de montures et nous voilà partis.

Nous traversons la place du Marché-au-Bois,

qui est aussi le marché du fourrage sec, du charbon et de la sparterie.

Il est très animé, malgré l'heure matinale, et, tout en cheminant, je ne puis m'empêcher d'observer quelques détails curieux.

C'est d'abord la manière dont on manipule le bois à brûler qui attire mon attention.

On ne peut se faire une idée du soin extrême qu'on apporte là-bas à la confection des fagots.

Le combustible est si rare et, par conséquent, si précieux !

Les troncs de genévrier refendus en menus morceaux, les plus petites branches et jusqu'aux moindres éclats, tout est minutieusement lié.

Les racines et les souches de tamarins, elles, sont rangées dans des paniers comme des choses précieuses !

Quant au fourrage sec, il est l'objet de soins encore plus méticuleux. Les maigres prairies (?) du Hedjaz ne fournissent que du chiendent, récolté, pour ainsi dire, brin à brin, est séché à l'ombre et tressé ensuite en cordes comme du crin végétal.

LE CHEMIN DE MOUZA A LA MECQUE.

Ce fourrage, ainsi séché et serré, se conserve très vert et n'est donné que très parcimonieusement aux animaux. On le décorde et on le fait foisonner avec des précautions inouïes qui étonneraient bien nos paysans de France.

Après le marché au bois, nous traversons un faubourg composé de huttes misérables où sont parquées de malheureuses prostituées aux allures de bêtes fauves.... A notre gauche s'étend le cimetière, le Saint *Maâla*.

Nous passons devant le palais du grand chériff et les débris de la fameuse étuve qu'Abd el Wahad salue de quelques quolibets.

Un peu plus loin, c'est le marché aux moutons, avec sa fontaine et son vieux figuier sycomore. Mon compagnon me montre ensuite la maison de la famille Abd el Motaleb. En passant devant cette demeure qui abrita tant de gens de bien nous récitons le *Fatih'a*[1] en leur honneur.

Les derniers faubourgs traversés, nous arrivons à la bifurcation des deux routes de Taïef :

---

1. *Fatih'a*, prière fondamentale du culte musulman, la prière de la première page du Coran.

le chemin des caravanes qui court au nord et le chemin muletier qui tourne à l'est, celui-là même qui passe d'abord à Mouna, Mouzdelifat et Arafat.

Nous le suivons, laissant à notre gauche le djebel Nour, un pic en pain de sucre, à l'aspect des plus étranges.

Nous cheminons encore dans d'étroites vallées — toujours les cirques monotones du Hedjaz, brûlés, pelés, couleur peau de loutre...

Nos ânes trottinent légèrement sur le sable, la route est presque déserte, à peine si nous croisons de loin en loin quelque cheik bédouin des environs à la mine farouche, armé jusqu'aux dents et qui répond du bout des lèvres à notre salam.

Nous arrivons à la fontaine de Zobéïde, sorte de grande piscine rectangulaire, creusée au milieu d'une très étroite vallée, sur le bord même de la route, piscine alimentée par la même conduite qui fournit l'eau potable à la Mecque.

Dans la fontaine de Zobéïde les pèlerins retour d'Arafat et de Mouna prennent en passant un bain rapide, qui pour eux doit être le bienvenu après les rudes journées du pèlerinage.

Coutume bien pernicieuse cependant, surtout en cas d'épidémie. C'est pour tous les microbes de la terre un véritable bouillon de culture qui s'entretient dans cette piscine et elle doit présenter de terribles dangers de contamination immédiate et de propagation des épidémies. Mais l'attention des services sanitaires ne paraît pas s'être portée de ce côté.

On a jadis confondu, d'après des relations inexactes, cette fontaine de Zobéïde avec le puits sacré de Zem-Zem qui, lui, est en plein cœur de la Mecque, au milieu même de la Grande Mosquée.

Édifice bien clos et couvert, vaste chambre carrée dont les murs et le sol sont plaqués de marbre et au centre de laquelle, également en marbre, s'ouvre le fameux puits.

La margelle est entourée d'une grille en fer par-dessus laquelle des esclaves noirs puisent avec des seaux de cuir le miraculeux liquide et le déversent dans de petits bassins de marbre.

Cette eau est peut-être un peu saumâtre, mais le pèlerin n'a pas à surmonter le dégoût dont on m'avait parlé en Europe.

« Comment ferez-vous pour boire de cette eau corrompue par les ablutions, le piétinement des montures, etc., espèce de boue noirâtre et fétide? » me demandait-on partout.

Et cette perspective ne me réjouissait nullement, je l'avoue. Il a fallu que je me rende compte par moi-même de la vérité; mais c'est ainsi que l'on écrit l'histoire et que s'accréditent les légendes les plus absurdes.

Il a suffi qu'un voyageur confondît le puits de Zem-Zem avec la fontaine de Zobéïde, pour que, depuis ce jour, de répétitions en démarquages et de compilations en développements, cette erreur se répandît et devînt article de foi.

Un autre préjugé impossible à déraciner est celui du turban vert....

« Vous avez été à la Mecque, vous avez donc le droit de porter le turban vert », me répète-t-on sans cesse. Quelle erreur! et combien répandue cependant!

En fait, le pèlerinage de la Mecque ne donne droit à aucun signe distinctif, à nul titre ou parchemin, et rien ne distinguerait le pèlerin, s'il ne recevait le surnom d'el-Hadj que ses compatriotes et ses parents lui donnent, qui s'associe à son nom comme une particule et le précédera toujours.

Un petit anneau d'argent acheté à la Mecque, chez des bijoutiers dont c'est la spécialité, est bien une espèce de signe de ralliement qu'il serait de mauvais ton et très prétentieux de porter si l'on n'avait pas été à la Mecque, mais ce bijou est relativement peu répandu....

Voici d'où vient la légende du turban vert.

Les pèlerins achètent tous des souvenirs de leur voyage en Terre-Sainte pour eux et leurs amis.

Comme la ville de la Mecque est, au moment du pèlerinage, la plus grande foire du monde musulman, il s'y échange des tissus et des marchandises venues des quatre coins du globe.

Les pèlerins d'un pays achètent de préférence une marchandise considérée chez eux comme une coquetterie, autrefois, par exemple, un turban vert, aujourd'hui de préférence des turbans en soie écrue des Indes, brodés de soie jaune. Rentrés chez eux, ils porteront ce turban très difficile à se procurer dans leur pays et que les musulmans qui ne sont pas allés à la Mecque n'oseraient porter : ils se feraient scrupule de laisser croire par là qu'ils ont accompli le saint pèlerinage. Les hadjis se trouvent avoir ainsi, selon les pays, un véritable signe distinctif.

En Algérie, dans la province d'Oran particulièrement, c'est le turban indien écru brodé de jaune ; en Syrie, ce sera quelquefois le turban vert, mais il n'y a rien d'absolu.

Le turban vert serait plutôt la marque distinctive des descendants du Prophète, qui seuls dans certains pays ont le droit de le porter.

En Tunisie, à Djerba, tous les hommes le portent,... ils descendent tous de Mahomet, Sallali ou Sellam, affirment-ils d'ailleurs....

Mais revenons à Mouna.

. . . .

Le chemin continue, monotone, et nous arrivons à l'entrée du village. A notre gauche un petit édifice très délabré, sorte de koubba (chapelle) construite sur le flanc de la montagne, à quelques mètres au-dessus de la route.

C'est, me dit Abd el Wahad, l'endroit précis où eut lieu, jadis, le sacrifice d'Abraham. — Il me montre même la trace du coup de sabre du patriarche, qui, en tranchant le cou du mouton offert en holocauste, a profondément entaillé le roc.

En face de nous, comme barrant la route, le premier *cheïtan*, espèce de mur blanchi à la chaux, affectant vaguement la forme d'une pyramide tronquée et symbolisant le *Diable*. Retour d'Arafat, les pèlerins doivent jeter sept pierres sur ce monument et sur deux autres cheïtans semblables que nous rencontrons, l'un au milieu, l'autre à la sortie du village.

Il faut s'entendre par exemple sur le mot *pierres* et, contrairement à ce qui avait été dit, je n'ai constaté aucun amoncellement de *pierres* devant les cheïtans.

Les projectiles lancés par les pèlerins sont en effet de petits cailloux, tout au plus gros comme des noisettes, qui sont en partie dispersés et étalés par le piétinement de la foule. Il en résulte, devant le monument, un lit de gravier comparable à celui des allées de nos jardins.

Le village de Mouna est désert. — Deux

LE PREMIER CHEÏTAN A MOUNA.

vieux esclaves noirs sont les uniques gardiens que nous y rencontrons.

Ils attachent nos ânes à des tibias de chameau fichés en terre en guise de piquets et nous font chauffer de l'eau, pour garnir notre samovar qu'Abd el Wahad a eu la précaution d'apporter avec le thé, le sucre, et même le charbon.

Après un instant de repos nous parcourons le village solitaire ; débarrassé de la cohue qui l'envahit aux époques du pèlerinage, il a plutôt l'aspect d'une petite station balnéaire des Pyrénées, sauf la végétation, par exemple, qui brille toujours par son absence.

Le village de Mouna n'a pas du tout l'aspect sordide et misérable qu'on lui prête.

J'y ai admiré au contraire de fort belles maisons, ornées de très beaux moucharabiehs et de quelques revêtements en faïence, luxe fort rare au Hedjaz.

Il est resserré dans un pli de montagne, un col très étroit, et les maisons s'élèvent en bordure le long de l'unique rue qui court du nord au sud, sur une longueur d'environ 1 600 mètres....

Nous sortons du village, et nous voici dans la fameuse vallée des sacrifices, *le Bol du Diable*, comme l'appelle Burton, ce lieu redoutable, enfin, où depuis les temps les plus reculés, tous les ans, des milliers de pèlerins viennent régulièrement immoler d'innombrables victimes, moutons, chèvres et même chameaux, en commémoration du sacrifice d'Abraham.

Et le nombre des fidèles accourus au pèlerinage augmente tous les ans, d'abord grâce aux facilités de communication et à l'ouverture des voies maritimes, ensuite parce que la religion musulmane gagne tous les jours du terrain en Afrique, aux Indes et en Chine.

Le nombre des victimes immolées ne correspond pas exactement cependant à cette augmentation, car l'Arabie centrale et l'Yemen, d'où viennent presque exclusivement les moutons et les chèvres, ne peuvent fournir qu'une certaine quantité d'animaux.

La demande étant plus considérable, leur prix s'élève, le riche tue moins et le pauvre souvent ne tue pas.

Néanmoins c'est par centaines de mille qu'il faut, à certains pèlerinages, compter les victimes immolées à Mouna.

J'avais caressé au départ le projet de faire l'excursion de Mouna, le soir. Je rêvais de voir cette vallée sinistre, la nuit, au clair de lune.

M'attendant à trouver un immense ossuaire, je voulais avoir une impression d'effroi et je me voyais d'avance en imagination dans le sombre lieu, rendu plus fantastique encore par les rayons et les ombres des clartés lunaires.

. . . .

Au lieu de cela, je me trouve à onze heures du matin, sous l'ardent soleil, dans une vallée d'aspect sauvage, il est vrai, mais dans laquelle je cherche en vain la moindre trace d'ossements, la moindre souillure.... Un sable fin et doré couvre le sol d'un blond linceul.

Le paysage est assez grandiose, mais nullement terrifiant.... Les alentours de la vallée sont atrocement arides et brûlés, comme tout l'est au Hedjaz, mais les montagnes de Mouzdelifat, Arafat et Taïef s'étagent théâtralement à l'horizon, faisant décor.

Quelques monuments épars se dressent dans la solitude ; au premier plan une vaste mosquée d'un style primitif, puis les palais du grand chériff et les mahamals d'Égypte et de Syrie, dont l'un en ruines, faisant très bien dans le fond du tableau.

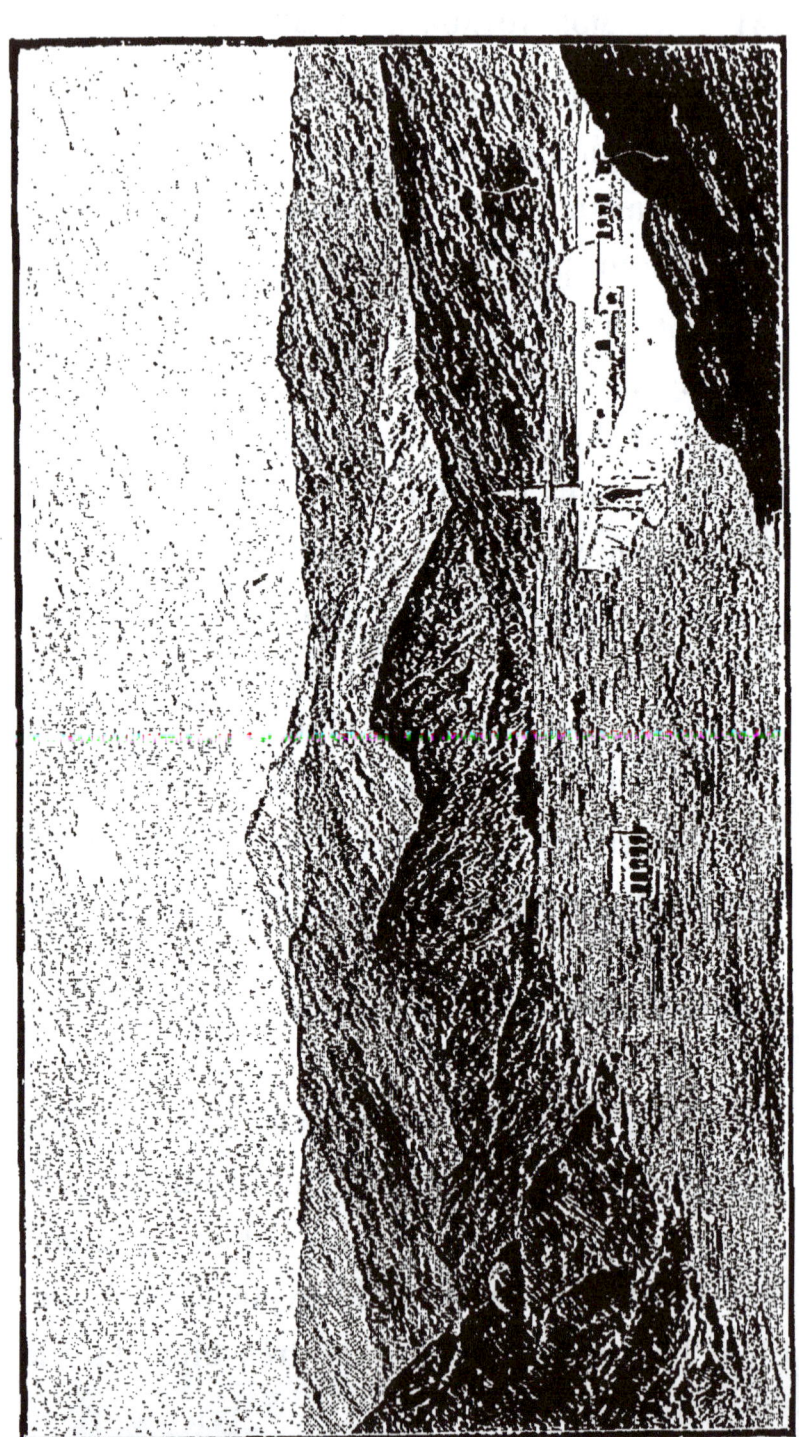

VALLÉE DE MOUSA.

Au centre, des réservoirs et des latrines pour les pèlerins, édifiés dans une funeste promiscuité par exemple; puis des espèces de terrasses en gradins, les abattoirs, tout cela propre, blanchi à la chaux, sans que rien évoque le souvenir de l'affreux carnage qui ensanglante cette fameuse vallée des sacrifices, tous les ans, depuis des siècles.

Une vraie déception pour l'artiste! Adieu les impressions fantastiques et les sombres visions des fantasmagories nocturnes — mais une véritable révélation pour le voyageur sincère et l'observateur fidèle, car, renseignements pris, j'apprends les raisons qui font disparaître les vestiges de ces séculaires hécatombes.

Le sable du désert d'Arabie recouvre les dépouilles et par son frottement, sous ces climats torrides, use les ossements, les nitrifie, pulvérise et réduit tout.

Le vent et les rares pluies d'orage se chargent du reste, et tout se disperse et s'émiette dans l'infini du désert.

Les hommes aident de leur côté à cette purification des lieux saints en enfouissant les cadavres des animaux abandonnés, dans de grandes fosses creusées à l'avance.

Il faut donc relever énergiquement l'erreur de ceux qui faisaient de cette vallée de Mouna un véritable charnier, contaminant les êtres et les choses, provoquant les terribles épidémies qui déciment chaque année les pèlerins musulmans.

On s'accorde en général aujourd'hui à considérer comme certaine l'importation de ces épidémies, et notamment du choléra, par les caravanes des pèlerins venus des Indes. Mais un doute plane encore à l'endroit des conséquences des sacrifices de Mouna.

Or, il est incontestable que le choléra se développe avec fureur plus encore à Mouna qu'ailleurs ; mais il serait juste de remarquer que c'est précisément la dernière étape du pèlerinage ; par conséquent les terribles conséquences du manque de précautions hygiéniques, du climat meurtrier, des fatigues du pèlerinage et de l'agglomération funeste de ces multitudes humaines, doivent s'y faire sentir plus cruellement.

Mais il serait dangereux d'en conclure que Mouna est la cause de tout le mal.

Ainsi, il est impossible d'admettre que des infiltrations putrides, provenant des sacrifices, puissent contaminer la conduite qui approvisionne la Mecque en eau potable, puisque cette conduite en maçonnerie, parfaitement étanche, court au flanc de la montagne, *à plusieurs mètres d'altitude au-dessus* de la vallée.

Une étroite surveillance des pèlerins indiens, à leur arrivée par mer ou par caravanes de l'Yemen, serait apparemment, de toutes les mesures préventives, la seule efficace.

Si le fléau passe entre les mailles du véritable filet qui lui est opposé tous les ans, on en retrouvera sans peine les responsabilités — terribles responsabilités, car une fois déchaîné c'est chimère de vouloir l'arrêter au Hedjaz. On ne peut que lutter en désespérés, et bien souvent même les mesures qu'on croit devoir prendre ne font qu'aggraver la situation.

Dans mes promenades à travers la ville, j'ai observé avec la plus grande attention les marques de fabrique des marchandises d'importation européenne, tissus, denrées alimentaires, quincaillerie, etc.

Partout, presque exclusivement, j'ai vu dominer les marques anglaises et hollandaises.

Quelques marques allemandes et italiennes, et enfin, très rarement, quelques marques françaises (du sucre des raffineries de Marseille).

Le marché de la Mecque est cependant d'une importance considérable. C'est une des plus grandes foires du monde à l'époque des pèlerinages annuels et de tous les points du monde musulman, les négociants affluent, faisant là des échanges qui se chiffrent peut-être par centaines de millions de francs.

Pour les tissus, par exemple : tous les Arabes d'Arabie sont vêtus de cotonnades.

Une cotonnade rouge, à petites raies blanches, appelée *Cherguïa* ou *Hammoudi*, selon la qualité, est universellement employée là-bas. On en fait des turbans, des pagnes pour entourer les reins des esclaves; elle sert de serviette, de drap, de tente pour s'abriter du soleil, de ceinture, que sais-je? elle sert à tout.

Il s'en importe évidemment de prodigieuses quantités en Arabie, au grand bénéfice des Indes, d'où provient cette étoffe, et par conséquent au grand profit du commerce anglais.

Les Indes Anglaises envoient aussi de grandes quantités d'une étoffe de soie moirée de qualité très inférieure, qui sert à la confection des cafetans.

Cette étoffe, le *Guarnassou*, se vend en pièces de 15 *pics* environ, soit 5 mètres à peu près, juste de quoi faire un cafetan.

Il se vend aussi d'énormes quantités de cotonnades blanches, et particulièrement une qualité d'étoffe très fine, véritable batiste de coton, introuvable en Europe, de fabrication exclusivement indienne ou anglaise (?) et qui est très recherchée là-bas.

Il ne m'appartient pas de préciser si nos commerçants français pourraient concurrencer ces marchandises, mais je crois fermement qu'il y aurait beaucoup à faire de ce côté.

Ce n'est pas seulement sur les tissus que je désire attirer l'attention de mes compatriotes, c'est aussi sur les denrées alimentaires, sucre, café, riz, pâtes, épices, fruits et poissons conservés, ainsi que sur les objets manufacturés, coutellerie, vaisselle, meubles, outils, etc.

Actuellement tous ces commerces sont dans les mains des Indiens et des Javanais établis à la Mecque et à Djedda. Ceux-ci trafiquent avec les Indes Néerlandaises et les Indes Anglaises par l'intermédiaire de leurs parents restés au pays pour le plus grand profit des Hollandais et des Anglais, qui tirent sûrement de fort beaux bénéfices de ces considérables débouchés.

Au cours de mes recherches, je n'ai, au contraire, rencontré comme marchandises venant de France qu'un peu de sucre provenant des raffineries de Marseille et apporté à Djedda par les vapeurs qui transportent, une fois par an, nos pèlerins algériens, les seuls pavillons français que l'on voit d'ailleurs dans les eaux du Djedda.

Le jour du départ est venu. — Nous faisons une dernière visite à Scheik Habbeud et je lui demande une lettre pour son collègue le mufti malekite d'Alger.

A tout hasard je crois utile de lui demander cette attestation de ma piété aux Lieux Saints et cette preuve indéniable de l'estime que j'ai su conquérir chez eux. Sans se faire prier, il a pris une belle feuille de papier et, sur sa main en guise d'écritoire, à la manière arabe, il a écrit la lettre dont je donne ici le fac-similé et la traduction.

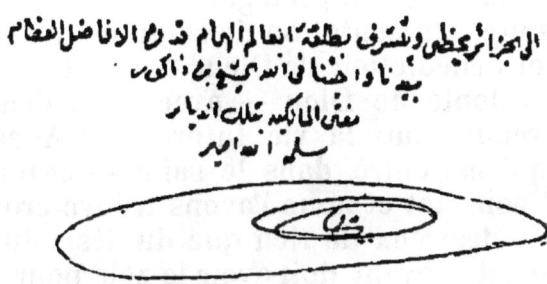

FAC-SIMILÉ DE LA LETTRE REMISE AU VOYAGEUR PAR SCHEICK HABBEUD.

(Que cette lettre) à Alger soit bien accueillie et ait l'honneur de monter au plus savant des imams! Que dure le célèbre, le grand — Cheick ben Dzakour, notre sœur et frère en Allah — mufti (de cette ville) de ces maisons! Salut de Allah, Amen.

Au nom d'Allah bon et miséricordieux et la prière et le salut sur le Prophète qui a apporté la bonne nouvelle qui connait toute science, ainsi — que sur les prophètes des enfants d'Israël. La prière de Dieu sur lui et sur tous les siens.

Il ne dure que le maître des mondes, l'unique.

A (l')homme honorable, célèbre, qui découvre tout ce qui est difficile à comprendre, qui fait cesser toute obscurité, notre sœur et frère en Dieu, Cheick ben Dzakour, que Dieu le protège. Amen.

Et ensuite augmentation de salut sur nous et miséricorde et bénédiction de Dieu. — Il est venu à nous, avec la volonté de Dieu — avec le bonheur de ses péchés remis pour la vie future Abd Allah ben el-Bachir qui est entré dans le salut — et nous avons examiné son état et nous l'avons trouvé croyant pour de vrai — désireux de rien que du désir du salut. — Celui qui est croyant doit avoir le zèle pour la dignité de la foule de ceux qui observent la religion (de l'Islam) [1] et s'instruire — et s'il avait eu le temps de demeurer chez nous, on aurait appris ce que nous aurions fait pour lui dans le but de tout bien. Mais il fut pressé de partir et il faut que celui qui désire le salut observe (ce qui fait) la dignité (de la religion) et apprenne ce dont il a besoin — et il m'a paru que mon désir vers vous (de vous connaître) s'était augmenté — et espérons de Votre Seigneurie que vous (continuerez) à observer (ce qui fait) la dignité (de l'Islam). Dieu ne nous a pas interdit ni à vous ni à moi la récompense (dans l'autre monde) et restez dans son bien et sa joie.

Celui qui vous souhaite le bien — Mohammed — homme — fils du (défunt), que Dieu lui fasse miséricorde, Chikh Hasad, mufti malékite à la Mekke, protégée (par Dieu).

Le 7 Rebiá et-tsani 1312.

1. Les mots entre parenthèses sont ajoutés.

Notre métouaf Abderraman bou Chenak veut à tout prix nous retenir.

« Ne m'abandonne pas, je t'en supplie ; tu m'as soulagé du mal dont je souffrais ; je sens que toi seul pourrais me guérir définitivement. »

Mais mon compagnon Hadj Akli est gravement malade, son foie se congestionne de plus en plus, de longs accès de fièvre épuisent ses forces ; il faut rentrer, changer d'air, remonter au Nord.

Abderraman bou Chenak, ne pouvant nous décider à rester, voudrait bien partir avec nous pour se faire soigner par notre ami commun, Hadj Abderraman el Tebibi, le médecin maure d'Alger, mais son cousin Ahmed bou Chenak lui fait mille objections : « Si tu mourais là-bas loin de nous ?... Non, vois-tu, c'est ici que tu dois mourir, sous les yeux des tiens, si ton heure est venue ».... et Abderraman bou Chenak se résigne. — Je lui enverrai de nouveaux médicaments de Djedda et, sitôt de retour à Alger, je conférerai de son cas avec Hadj Abderraman el Tebibi.

Nous lui ferons faire une ordonnance par

notre ami et au besoin nous lui ferons apporter des médicaments par les Algériens, au prochain pèlerinage, Inchaallah (si Dieu veut)....

Les ânes sont de nouveau commandés. Impatiemment attendus pendant plus de trois heures, ils arrivent enfin à la nuit tombante et nos amis nous accompagnent à pied jusqu'aux portes de la ville.

Tour à tour les bou Chenak et Derwich me tiennent par la main.

Hadj Akli, très nerveux, est inquiet. Il marche à grands pas devant nous, pressé, je ne sais pourquoi, de quitter la ville.

Les ânes sont enfourchés, on s'embrasse longuement, on part, et nous voici de nouveau trottinant dans la nuit.

De sombres pensées m'obsèdent, l'inquiétude de mon compagnon me gagne et je sens que c'est l'heure décisive.

Moins suspecté à la Mecque qu'à Djedda, j'avais eu cependant une mauvaise aventure qui pourrait bien avoir de fâcheuses conséquences. — Sorti seul, un jour, de la maison, j'avais été accosté tout à coup par un policier qui m'avait demandé, en turc, qui j'étais et ce que je faisais à la Mecque.

« Parle-moi arabe », lui dis-je. Et il répéta sa question.

« Je suis Algérien.

— Où demeures-tu?

— Chez mon métouaf, Abderraman bou Chenak. »

Il m'entraîna vers un poste voisin: me voici encore arrêté!

On me repose les mêmes questions, en me fouillant du regard. Laconiquement je réponds la même chose.

« Comment se porte-t-il, Abderrahman bou Chenak? me demande-t-on alors.

— Il souffre de l'estomac, mais, avec l'aide de Dieu, je le soulagerai, car je suis un peu médecin.

— Ah! tu es médecin, c'est bien, va en paix. » Et on me congédie....

Ce détail sur l'état de santé de mon hôte, bien connu à la Mecque, avait suffi.

Oh! je n'avais pas tenté nouvelle escapade,

je le jure, car je m'étais senti bien peu de chose dans ce poste de police et n'avais nulle envie d'en tâter à nouveau. Mais maintenant, sur la route, cette appréhension me revenait. Je n'avais touché mot à personne de mon aventure, bien entendu, mais en moi-même je craignais les conséquences de cette première mise en suspicion.

Il est incontestable d'ailleurs que si la police turque avait voulu faire la moindre perquisition dans nos bagages et si nous avions été l'objet d'une dénonciation quelconque, c'est certainement au moment du départ que nous devions craindre ses investigations, qui auraient d'ailleurs été terriblement dangereuses pour nous à cause des appareils photographiques.

Et puis la crainte s'explique-t-elle? Je n'étais pas rassuré, voilà tout, et voyais avec satisfaction la distance devenir de plus en plus grande entre la ville sainte et moi....

Nos ânes, très ardents, vont très vite et nous rejoignons bientôt des voyageurs partis avant nous, des amis d'Hadj précisément, des métouafs tripolitains et tunisiens qui vont à Djedda pour s'embarquer ensuite à destination de leurs pays d'origine où ils vont voir des amis et quêter.

Nous ferons probablement route avec eux jusqu'à Yambô, l'unique escale entre Djedda et Suez, escale où nous comptons débarquer pour aller à Médine, tandis qu'ils continueront, eux, vers le nord.

On se fait donc force amitiés.

Hadj fait un pompeux éloge de ma personne et à chaque instant, dans la nuit, c'est un dialogue à tenir avec un inconnu.

« *Hadj Abdallah ?* (C'est mon nom de pèlerin.)
— *Nam ?* (Oui, quoi ?)
— *Kif Alek ?* (Comment vas-tu ?)
— *Taïbine, Amdoulillah !* (Bien, grâce à Dieu !) »
Et dix pas plus loin c'est la même question, à laquelle je fais invariablement la même réponse.

Tout va bien pendant quelques kilomètres. Hadj est rasséréné.

Abd el Wahad chante de jolies chansons bédouines ou marocaines.

Une de ses chansons me revient comme

une obsession chaque fois que je pense à mon voyage. Je l'avais entendue à bord du *Glaucus*, fredonnée par les cheiks bédouins qui se rendaient à la Mecque avec nous.

Elle m'avait poursuivi dans toutes mes promenades à travers la ville sainte où elle est sur les lèvres de presque tous les âniers.

Et dans cette nuit si poignante du retour Abd el Wahad l'a nasillée presque constamment.

Les poésies arabes ainsi chantées sont presque *intraduisibles*, mais à quelques mots entendus, *gazelles, sable, désert, mon cœur, amour,* etc., je me suis complu pendant cette nuit d'insomnie à essayer de traduire le texte arabe de cette mélopée à l'allure tantôt plaintive et caressante, tantôt pleine de colère et de rage, tantôt remplie d'une indicible tristesse.

Je la transcris ici, telle que la rêverie et le chant de mon ami me l'ont suggérée….

Cruel exil, j'ai dû te fuir, Zouleïka,
   Zouleïka ma perle, mon beau trésor,
Pour mourir au désert j'ai fui, Zouleïka,
   Zouleïka ma perle, mon beau trésor.

J'ai conté ma peine aux gazelles, Zouleïka,
    Zouleïka ma perle, mon beau trésor.
Les gazelles ont ri de mes pleurs, Zouleïka,
    Zouleïka ma perle, mon beau trésor.

⁂

Je vais mourir et te maudis, Zouleïka,
    Zouleïka cruelle, démon perfide,
Tu as trahi tes doux serments, Zouleïka,
    Zouleïka cruelle, démon perfide.
Infidèle et parjure tu chantes, et tu oublies...,
    Zouleïka cruelle, démon perfide,
Mais à ton tour tu souffriras, Zouleïka,
    Zouleïka cruelle, démon perfide.
Le vent du soir t'apportera mon dernier cri!
    Zouleïka cruelle, démon perfide,
Et le remords t'accablera, Zouleïka,
    Zouleïka cruelle, démon perfide.

⁂

Dans un mirage je te revois, Zouleïka,
    Zouleïka mon ange, Houri du ciel.
Le frais mirage, hélas, me fuit, Zouleïka,
    Zouleïka mon ange, Houri du ciel.
La soif ardente me dévore, Zouleïka,
    Zouleïka mon ange, Houri du ciel;
Non, c'est la soif de tes baisers, Zouleïka,
    Zouleïka mon ange, Houri du ciel.
Je bois. Je vis. Le frais jardin s'ouvre pour moi.
    Zouleïka mon ange, Houri du ciel,
Jardin céleste. Repos. Délices. Je meurs... à toi,
    Zouleïka mon ange, Houri du ciel.

RETOUR A DJEDDA.

Mais, premier ennui, l'âne d'Hadj Akli butte et s'écroule. Hadj, projeté en avant, tombe debout, la tête de l'âne entre ses jambes; — pas de mal; on le hisse en selle et quelques pas plus loin, c'est à mon tour de faire pareille culbute!

Les baudets, surmenés par ces fréquents trajets de 87 kilomètres, effectués d'une seule traite, ont des défaillances bien explicables. — Habitués à cela, ils restent immobiles sur le coup, agenouillés sur le sable épais, attendant patiemment que le cavalier, projeté en avant, leur ait dégagé la tête et l'encolure, pour se relever prestement. Et sept fois je suis ainsi tombé, toujours debout, sans me faire le moindre mal. Irrité cependant à la fin, à bout de patience, j'interpelle vivement l'ânier qui nous accompagne et qui nous a fourni ces déplorables montures.

« Ne te fâche pas, mon frère, tu ne sais pas monter, voilà tout ! Tiens, changeons d'âne, le mien n'a pas bronché une seule fois. »

Furieux, je lui réplique que j'ai fait la moitié du tour du monde, que j'ai monté les étalons les plus fougueux, que je ne suis pas un novice, etc.

Plus patiemment encore, il me répond :

« Mais prends celui d'Abd el Wahad, qui n'a pas bronché non plus, nous verrons bien. »

Et, l'échange fait, nous repartons....

Quelques kilomètres sont franchis. Dans la nuit, à mes côtés, un cavalier s'effondre. « Allons, c'est Abd el Wahad, me dis-je, et décidément je n'ai pas été charitable. C'est peut-être lui qui va se casser la jambe à ma place parce qu'il est le serviteur et que je suis le maître. Est-ce juste ? »

Ce fut la première réflexion qui me traversa l'esprit, tant, en ce pays de grande fraternité, l'égoïsme fait place à un grand amour du prochain.

« Chouette ! quelle veine ! » aurais-je pensé en Europe.

J'arrête mon âne pour prêter aide à mon compagnon ; mais j'ai vite reconnu mon erreur : c'est un inconnu qui est tombé ; j'ai été simplement trompé par une similitude de costume. Nous repartons.

Mais mes compagnons sont déjà loin devant nous, galopant dans la nuit.

L'inconnu, qui ne m'a pas dit une parole, prend les devants et me voilà seul sur la route.

Pourvu que mon âne ne butte pas, car comment ferais-je pour me relever sans aide ?

O pèlerin mon frère, que le Tout-Puissant te préserve des ânes aux jambes faibles, quand tu feras le saint pèlerinage de la Mecque, que Dieu t'éparge cet ennui ! Il est le généreux.

Moi, j'ai eu ce guignon, et ma nouvelle monture, galopant plus vite pour rejoindre la bande qu'elle sentait devant nous, n'a pas tardé à s'abattre à son tour.

Et que faire, seul ? — Comment remonter sans appui sur ce véritable édifice qu'on appelle un bât au Hedjaz.

D'abord une espèce de selle, de *berda*, comme en Algérie ou au Caire, sanglée par une méchante corde d'alfa; puis les sacoches garnies et, par-dessus, une couverture en piqué servant de matelas; enfin un burnous quelconque. Tout cela maintenu en équilibre par une seconde cordelette d'alfa.

Pour grimper en selle dans les caravansérails, des murettes en *montoirs* sont établies et sur la route c'est l'ânier qui vous offre son genou; mais comment se hisser tout seul sur cet échafaudage ?

J'ai compris le danger de ma situation, et

oubliant la fatigue, me raidissant en un effort suprême, j'ai bondi juste assez pour me retrouver en selle et partir à la charge.

J'ai rejoint mes amis à moitié endormis, somnolant sur leurs ânes; je les ai vertement repris de leur égoïste abandon; et le noir chemin a continué de se dérouler devant nous, attristé encore davantage par cette mésaventure dont mes amis ont évidemment du remords.

On avait fait halte à Hadda cette fois, mais sans s'y reposer; et c'est d'une seule traite, sauf quelques arrêts de peu de durée, dans quatre ou cinq cafés échelonnés sur la route, que nous avons fait le trajet.

Au point du jour, nous étions en vue de Djedda et faisions hâtivement la première prière, qui n'est réellement profitable que si on s'en acquitte avant le lever du soleil.

Nous rentrons au galop des montures dont les sonnailles tintent joyeusement dans la fraîcheur du matin, par la porte de la Mecque, dans l'enceinte de Djedda.

Abd el Wahad, qui m'a discrètement blagué

sur mes chutes et qui n'en a pas laissé faire une seule à l'âne que nous avons échangé, tombe enfin à son tour. Il fait jour maintenant, et son attitude est si grotesque, debout à terre, la tête de son âne entre ses jambes, que je pars d'un fou rire.

« Tu n'es pas charitable », me dit sentencieusement mon ami. « Tu es tombé huit fois, et je n'ai pas ri une seule.... »

Nous repartons toujours au galop, poussés vivement par l'ânier qui, comme les postillons de diligences à l'entrée du village, veut prouver aux passants que ses bêtes ne sont pas fatiguées, malgré le long trajet.

De toutes leurs forces, les pauvres montures tentent ce suprême effort, mais brusquement Abd el Wahad s'écroule encore, presque à notre porte et le fou rire me reprend....

Et mon ami me répète son affectueux reproche :

« Tu es tombé huit fois et je n'ai pas ri une seule. »

Mais que faire? Est-ce l'énervement de cette dernière nuit, est-ce la contrainte si longtemps gardée, est-ce la joie de me sentir hors de danger, ayant pleinement réussi dans mon audacieux projet? Je ne sais. Toujours est-il

RUE DE DJEDDA.

que le fou rire ne m'a pas pour ainsi dire quitté pendant deux heures!...

Aux amis qui venaient nous féliciter de notre heureux retour, je répondais par les éclats bruyants d'un rire nerveux, essayant de raconter l'aventure des chutes et secoué maladivement de folle hilarité.

Nous avons déjeuné; Hadj m'a fortement

blâmé du scandale que je faisais et du mauvais goût de mon attitude, et j'ai repris mes sens.

A huit heures et demie, au consulat de France, j'ai ressenti la plus douce émotion de ma vie. Quelle joie de me retrouver là, sain et sauf, et d'entendre les chaudes paroles du chancelier, qui me félicite bien cordialement de l'heureuse issue de mon voyage!

Un télégramme va rassurer les miens; ma vieille mère et mes amis de France seront bien heureux aujourd'hui et mon cœur se dilate à cette seule pensée....

Ma visite au consulat a eu pour prétexte le visa de nos passeports; je l'abrège pour ne pas éveiller les soupçons, car mes pérégrinations ne sont pas finies et je compte bien aller à Médine par Yambô, comme c'est convenu avec Hadj Akli.

Et nous voilà de nouveau les hôtes d'Abderraman Effendi. — Je fais quelques nouvelles promenades dans la ville, bien plus à mon aise maintenant, mais toujours prudemment sur mes gardes.

Je veux cependant faire quelques photographies de Djedda et notamment celle de la tombe de Ch. Huber.

Je dissimule mon appareil (un 13 × 18, s'il vous plaît) dans le fond d'un panier, et nous sortons.

Je prends assez facilement, sans être remarqué, quelques clichés des remparts, un panorama de la ville, des rues, etc., puis nous voilà hors les murs, dans la lagune, en route pour le cimetière.

TOMBE DE CH. HUBER.

Le gardien se prête assez facilement à la chose et le pieux souvenir est bientôt fixé dans un de mes châssis.

Pour rentrer en ville, nous prenons un autre

chemin, mais cette précaution nous est fatale, car nous tombons précisément sur une ronde turque.

Un officier supérieur, un officier subalterne, un sous-officier et deux soldats la composent. Profitant de la fraîcheur, ils font une matinale inspection aux postes des remparts.

Voyant notre panier, ils pensent sans doute que nous faisons quelque contrebande et nous demandent ce qu'il contient.

« Rien, répond Hadj.

— Mais encore, montre-le », riposte l'officier ; et il soulève le chiffon qui cachait l'appareil.

— Oh ! oh ! qu'est-ce que cela ? » Et nous sommes entourés.

« Ça, répond avec assez d'assurance Hadj Akli, c'est un appareil photographique avec lequel mon compagnon, Abdallah, un médecin algérien, veut prendre quelques vues de la ville. »

L'officier me dévisage longuement.

Heureusement pour moi, providentiellement on peut le dire, je suis bien vêtu ce jour-là. J'ai fait emplette la veille d'un beau cafetan de soie

DJEDDA

jaune, que je porte pour la première fois, j'ai une ceinture assez belle, et je suis bien chaussé de neuf.

Je soutiens le regard inquisiteur et j'ajoute en arabe :

« Oui, je suis Algérien, protégé français, mon passeport est chez le drogman du consulat, où nous demeurons. »

Il a placé sa main droite sur mon épaule, l'officier turc, et ses yeux vrillent les miens. Comme je ne me trouble pas, sans doute, familièrement il me donne deux ou trois tapes sur l'épaule et me dit :

« C'est bien, va. »

Ouf! je ne me le suis pas laissé dire deux fois, ni Hadj non plus, je vous l'assure, et j'ai rengainé mon 13×18 bien au fond de nos coffres, d'où il n'est plus sorti à Djedda....

Ce soir-là nous avons pris notre dernière tasse de thé chez notre ami le pharmacien. Des amis sont venus nous y rejoindre et comme nous étions groupés sur le seuil de sa porte, deux pauvres petites fillettes bédouines se sont approchées pour nous demander l'aumône.

« Ce sont des Maugrebines, me dit le pharmacien; abandonnées au départ de leurs compatriotes, elles et bien d'autres malheureux sans ressources se sont réunis en tribu et

FEMMES BÉDOUINES.

campent aux portes de la ville, sur la plage. Viens les voir, c'est un triste spectacle, mais il est bon que tu voies cela. »

Nous nous levons et suivons donc les deux fillettes. Chétives, maigres à faire peur, avec des yeux luisants d'affamées, elles marchent devant nous, continuant leur petite quête quotidienne autour de la place.

Les *piastres* ni les *paras* ne pleuvent guère dans leur escarcelle et c'est à peine si les marchands leur donnent quelques croûtes de pain ou des fruits avariés.

Elles portent à la main de petites cruches en terre qu'elles voudraient bien remplir d'eau fraîche, mais elles n'osent se risquer auprès du premier boutiquier venu. Elles abordent enfin cependant un bon vieillard assis devant son magasin, lui baisent les mains et, après force supplications, obtiennent la permission de se faire donner de l'eau.

L'esclave qui doit exécuter l'ordre s'en va en grommelant à la citerne, mais nos deux fillettes protestent avec véhémence :

« Ton maître a dit de la bonne eau, pour boire, et non de l'eau corrompue de la citerne. »

Et comme l'esclave reste intraitable, elles retournent, suppliantes, auprès du généreux marchand.

« Vois, lui disent-elles, ton méchant esclave

n'exécute pas tes ordres et veut nous donner de l'eau de citerne. »

Et les supplications recommencent avec une volubilité fébrile. Enfin le mot est prononcé, nos deux pauvrettes auront de l'eau de source et l'esclave est tancé vertement de son manque de charité.

Elles sont heureuses maintenant nos deux petites Bédouines, comme si elles venaient de découvrir un trésor! Elles gazouillent comme deux petites fauvettes, jouent même et se taquinent innocemment entre elles. Pauvres enfants! Quelle insouciance! et combien de leur âge cependant!

Elles rentrent à leur tribu et nous les y suivons. Sur le sable de la plage on a essayé de tendre de sordides haillons sur des semblants de piquets et c'est un invraisemblable campement de misère.

A terre quelques centaines de malheureux êtres, n'ayant plus rien d'humain, gisent, paquets informes, sans sexe, comme des larves.

Ce sont les épaves humaines du pèlerinage. Vieillards pour la plupart, ayant suivi on ne sait comment les pèlerins, dans de vagues espérances de fortune ou de mort. La fortune les a trahis et la mort les repousse.

De quels détritus ont-ils vécu pendant des mois, par quel mystère vivent-ils encore?

En vain, sous un soleil de feu, les épidémies ont fait rage, en vain les pestilences de toutes sortes ont tourbillonné autour d'eux, ils vivent encore!

Je me demande avec terreur ce qu'ils peuvent bien manger, et même boire, car j'ai vu quelles difficultés nos deux fillettes ont eues pour obtenir de l'eau.

Les mosquées seules ont dû servir de refuge à ces malheureux, aux jours de trop grande détresse, et puis c'est un mystère comme celui de la vie de ces plantes du désert, arbustes ou herbages épineux, qui poussent dans le sable, sans une goutte d'eau, sans terre végétale, stupéfiants problèmes de la nature.

« Tu vois, me dit le pharmacien, ce sont des Maugrebins, des gens de ton pays. Eux seuls sont ainsi abandonnés, les Turcs et les Égyptiens pauvres, eux, sont rapatriés aux frais de leurs gouvernements, tandis que ceux-ci semblent être abandonnés de tous, même de Dieu.

— C'est que Dieu se retire des malheureux pays tombés au pouvoir des infidèles », nous dit avec amertume un des malheureux faméliques.

J'ai fait aussitôt l'emplette de quelques kilos de pain qu'on a coupé en menus morceaux et distribué à ces malheureux.

Je frissonne encore rien qu'en songeant au bruit affreux des mâchoires féroces de ces affamés.

Je suis rentré, péniblement impressionné de cette horrible vision, et toute la soirée la conversation a roulé sur l'injustice des Français à l'égard des musulmans d'Algérie et de Tunisie, du *Mogreb* (de l'ouest), appellation vague et générale, sous laquelle on désigne l'Afrique septentrionale.

Et je n'ai rien pu dire pour la défense de la France à ces gens ignorants et prévenus, ma situation délicate me forçant à me taire.

Et cependant je mourais d'envie de leur crier la vérité : de leur dire la grande amitié de la France pour les populations de l'Islam, amitié qui a été le continuel souci de nos gouvernements depuis Napoléon, dont la correspondance d'Égypte est éloquente à ce sujet, jusqu'à nos jours. De tous temps, la politique française n'a cessé de protéger ces pèlerinages de la Mecque — cela a été la préoccupation de Napoléon, de Bugeaud et de tous nos gouverneurs contemporains....

Et de nos jours, malgré les terribles menaces d'épidémie que le pèlerinage entraîne, en mettant en contact des peuples où le choléra est à l'état endémique avec des individus affaiblis par les diverses fatigues et les privations d'un long voyage — contact qui fait éclater avec une sinistre régularité tous les ans les mêmes calamités, — malgré ces dangers qui menacent l'Europe entière, nous protégeons encore les pèlerinages.

Qui donc plus que le gouvernement algérien a entouré les pèlerins de soins médicaux, de précautions hygiéniques, etc.? Et jusqu'à la surveillance active des moyens de transport, à la justification de ressources suffisantes

(1 000 francs), ressources exigées des pèlerins avant de les autoriser à partir, que n'a-t-on pas fait pour empêcher les tristes conséquences d'un zèle religieux excessif qui pousse de malheu-

MAISONS ARABES A DJEDDA.

reux indigents vers les tortures dont j'ai été le témoin à Djedda ?

Et cependant, puisque le monde musulman reste convaincu que la France hérisse de difficultés le pèlerinage de la Mecque, puisque sous le nom général de Maugrebins on confond les Marocains et Tripolitains qui échappent à notre contrôle et les Algériens et Tunisiens que nous protégeons, il ne reste plus qu'une ressource, à mon avis : c'est de faire appel à la générosité des musulmans de l'Afrique septentrionale pour qu'au moyen d'une collecte annuelle, on réalise une somme d'argent destinée au rapatriement de ces infortunés.

Mais pourquoi, dira-t-on, s'intéresser à des gens si imprévoyants, qui, sans réflexion, se lancent dans pareille aventure alors qu'il leur serait si facile de rester chez eux ?

A cela je répondrai que la France a intérêt à ne pas laisser s'accréditer dans le monde musulman des bruits aussi calomniateurs qui sont de nature à lui faire perdre tout le bénéfice de sa politique philanthropique en Algérie et Tunisie. Et puis leur imprévoyance mérite certainement une plus grande indulgence, car si elle peut quelquefois les pousser aux abîmes, en d'autres circonstances elle leur permet du moins de céder aux élans de leur cœur et de ne jamais raisonner un mouvement de générosité.

Il me souvient à ce propos d'une petite anecdote de voyage qui dépeint bien leur naïve bonté :

Nous avions voyagé en caravane en plein désert, pendant neuf jours.

Arrivés au terme de notre route, après avoir réglé le salaire de mes chameliers, je leur distribuai les maigres vivres de réserve qui nous restaient.

Sobres comme toujours, ils décidèrent de s'en contenter pour leur retour et de n'aller chercher aucun ravitaillement à la tribu voisine.

Ils emportaient, pour vivre à trois pendant cinq jours, en plein désert, quelques kilos de mauvaise galette, dure de dix jours, une poignée de bonnes dattes et quelques livres de mauvaises.

Comme gâterie, un peu de café pilé et une vingtaine de morceaux de sucre.

Survient un enfant de trois ans qui, ne résistant pas à la convoitise, demande gentiment : *Attini chouïa soukeur?* « Donnez-moi un peu de sucre? »

Ali, mon caravanier-chef, plonge la main dans la sacoche; il en retire une poignée de la précieuse et rare friandise et, sans hésiter, la donne généreusement au petit quémandeur.

Il leur restait bien six morceaux pour leur route, mais baste! ils auront bu stoïquement leur café amer.

Quel est l'Européen civilisé, au sens rassis et prévoyant, qui se serait ainsi démuni pour faire plaisir à un enfant?

Voyons, en toute franchise, le plus généreux d'entre nous aurait-il donné plus d'un tout petit morceau à l'indiscret moutard?...

Nous allons quitter Djedda. Un navire autrichien est en partance. Nous nous y embarquerons en secret au petit jour, accompagnés seulement par nos fidèles amis Hadj Ali Omda, Abd el Wahad, et Ahmed, un cafetier de Djedda, qui nous a servi de domestique si l'on veut, mais domestique, en pays arabe, c'est ami....

Et nous disons adieu à ces braves gens non sans un certain regret, car, en fait, ils nous ont été dévoués, absolument, sans arrière-pensée, et ils ont été les puissants auxiliaires de notre réussite.

Pour ma part le souvenir de Hadj Ali Omda

reste profondément gravé dans mon cœur : j'apprécie hautement ses nobles qualités, son dévouement, sa générosité.... Vienne le jour

MES COMPAGNONS.

de le lui témoigner et il me trouvera... s'il plaît à Dieu.

Le *Thisbé*, du Lloyd autrichien, nous emporte doucement sur la mer d'un bleu profond.

Sans hâte et en bon cargo-boat, il glisse lentement sur les eaux calmes et, tout à loisir, nous pouvons voir se perdre peu à peu à l'horizon les côtes de la Terre-Sainte....

Je porte toujours, bien entendu, le costume musulman, mais un costume presque luxueux maintenant et propre surtout. Pendant tout mon séjour au Hedjaz, j'avais presque toujours porté de véritables vêtements de gueux, pour n'attirer l'attention de personne, mais maintenant, pour deux jours au moins, je puis faire un pouce de toilette et j'en profite....

Nous pouvons nous relâcher un peu de notre extrême réserve, car nous ne connaissons à bord que nos amis les métouafs tunisiens et tripolitains, avec lesquels nous ferons route seulement jusqu'à Yambô.

Nous nous offrons donc des couchettes de première classe! des couchettes de cargo-boat, par exemple, et sans nourriture, bien entendu.

Néanmoins quelle différence avec le voyage d'aller! En venant, j'avais pour compagnon dans ma soute un chien sale et puant. Aujourd'hui, sur le gaillard d'arrière, c'est une charmante petite gazelle que le capitaine a achetée à Djedda et qu'il emporte à Trieste.

COMMERÇANTS INDIENS DE DJEDDA.

Djedda disparaît à l'horizon, puis c'est le tour de Hadda, derrière lesquelles se cache la Mecque.

Nous sommes en pleine mer.

Et je me reporte par la pensée à ces merveilleuses prières du soir, dans la Sainte-Mosquée, à l'heure prestigieuse du soleil couchant....

Je revois les fonds roses et les pèlerins glissant comme des spectres sur les dalles polies, tournant pieusement autour de la Caâba.

Et j'entends encore l'écho du mélodieux appel des quatre muezzins, pleurant leur triste mélopée dans le soir clair, la basse-taille de l'un faisant tierce avec le soprano de l'autre, et leurs sanglots s'envolant dans l'espace.

. . . .

Aujourd'hui c'est le bruit sourd de l'hélice, le clapotis furieux de la mer qui nous bat debout et le sifflement de la brise à travers tentes et cordages.

Sept heures du soir.

La gazelle broute un peu de foin sec.

Je me fais reconnaître du capitaine du *Thisbé*, qui commandait l'année dernière le yacht *Aurora*, armé par le baron Nathaniel de Rothschild, de Vienne, pour son voyage d'Orient.

J'ai dîné à cette époque à son bord, à la table du baron. Il ne peut en croire ses yeux, mais me reconnaît néanmoins.

Il me fait le plus excellent accueil, nous causons un peu et il nous fait donner des chaises longues!

Quel retour au moderne confort!

Il pousse même l'amabilité jusqu'à nous faire préparer des matelas pour ce soir et nous aurons des draps!... Nous voici donc redevenus des princes!

La gazelle rumine et son grand œil songeur se voile dans un demi-sommeil.

Deux officiers turcs font leur prière du crépuscule. Les autres passagers, à part le pilote et quelques dames turques, se sont abstenus.

Une énorme négresse accompagne une vieille dame Égyptienne très dévote, qui égrène constamment son chapelet de nacre.

Ces deux femmes sont confortablement installées sur des matelas et des tapis; elles cuisinent, ou prient, ou grignotent des grenades.

Quand l'esclave noire se lève, masse pesante, deux proéminences énormes sur l'avant et deux mappemondes gigantesques sur l'arrière lui donnent une silhouette du dernier cocasse.

Quelle proie pour Caran d'Ache, et que n'est-il ici!

Sur l'avant, les passagers sont installés par groupes pittoresques.

Les samovars, les marmites, les fourneaux de toutes formes et de tous calibres, fonctionnent de tous côtés. Des enfants piaillent, d'autres jouent; de tout petits sont installés dans des hamacs qu'on secoue à tour de bras, ce qu'ici l'on appelle bercer!

La cuisine est envahie; les bouillottes pour le thé, les marmites pour le riz, encombrent le fourneau du maître coq, qui fait une ample moisson de petites piastres d'argent.

Huit heures.

Le dîner est fini. Les éructations se répondent ou font chœur avec les Amdoullah !

Quelques chansons bédouines sont fredonnées, la chaleur tombe, on prépare la nuitée....

Neuf heures.

Près de ma couchette, j'ai placé une gargoulette d'eau fraîche et une petite cafetière en fer-blanc contenant un reste de thé et une tranche de citron,... mes sorbets pour la nuit !

Ce matériel intrigue fort la gazelle, qui profite de mon inattention pour grimper sur le banc où il est installé.

Décidément sa familiarité devient excessive et frise l'indiscrétion. Je lui adresse un « chut ! » sévère, mais elle me regarde avec des yeux si brillants et si doux que je me lève et lui verse une tasse de mon thé ; elle le flaire, lèche les bords de la tasse, mais refuse de boire. Un verre d'eau n'a pas plus de succès ; tout son manège était donc pure curiosité et j'en déduis que c'est une demoiselle gazelle.

On a répandu à ses pieds un peu de sésame et de maïs mêlés, et, pour se nicher, on lui a donné un peu de foin ; très gravement elle écarte le foin et se couche sur le sésame, dont les petits grains lui rappellent sans doute le sable de son pays.

Pauvre petite gazelle! qui te le rendra, le sable de ton pays? Quelle va être désormais ta triste destinée? Nos froids brumeux vont engourdir tes membres délicats et la phtisie t'attend aux pays d'Occident.

Pauvre petite gazelle! respire bien les derniers effluves de la brise du soir, qui t'apportent encore les parfums du pays! Dans quatre jours tu vogueras sur des mers plus froides et ton cruel exil commencera.

Allons, n'y pensons plus! C'est égal, plus jamais je ne veux ni oiseaux en cage, ni singes, ni perroquets, tous ces pauvres martyrs que l'homme cruel ravit à la nature et à la liberté et dont une fausse pitié prolonge l'agonie.

Onze heures.

Tout dort et je rêve....

. . . .

Voici Yambô-el-Bahr, le port de Médine, comme Djedda est celui de la Mecque.

Nous approchons, un spectacle féerique s'offre à nos regards : là-bas, à l'horizon du Nord, des montagnes étrangement découpées, couleur peau de loutre; entre elles et la mer, une plaine déserte que trace une bande plate de sable doré; et la mer reflétant cet or prend des tons d'émeraude et de bleu paon.

La petite ville, plus dorée encore que la plaine, s'élève à quelques brasses du rivage, et les fines silhouettes de deux minarets se profilent sur les fonds sombres de la montagne.

Le ciel est d'un bleu laiteux, la chaleur est ardente.

Le navire évolue doucement entre les bancs de coraux qui, comme à Djedda, hérissent cette côte inhospitalière. Ils cernent ici l'étroite passe qui conduit aux quais.

Notre pilote commande habilement l'atterrissage et nous jetons l'ancre.

J'ai observé distraitement tous ces détails, car j'ai le cœur serré.

Hadj vient de me déclarer, irrévocablement, qu'il ne peut me conduire à Médine.

La maladie de foie dont il souffre si cruellement empire de jour en jour par ce rude été.

Il est très affaibli et recule devant la dure perspective des cinq étapes à chameau qui nous séparent de la deuxième ville sainte de l'Islam, du tombeau du Prophète, de Médine l'Illuminée.

C'est à peine s'il consent à descendre à terre, voir son vieil ami Chaaban, et faire une courte promenade.

Plus distraitement encore, je parcours ces pauvres rues et ces souks sordides.

Le commerce n'est pas très actif à Yambô et encore ne peut-on parler que du commerce de gros, car les transactions de détail sont nulles.

Les navires arrivent chargés de riz, de céréales ou de tissus.

LE PORT DE YAMBÔ-EL-BAHR.

Ils déchargent leur cargaison sur un petit quai en assez bon état, et là, les caravanes de chameaux, interminables, viennent comme de laborieuses fourmis charger tous les colis pour les transporter en longs convois, par le désert, à Médine.

Un navire anglais est ancré à côté de nous. Il est chargé de blé que la munificence du sultan de Constantinople envoie pour les pèlerins de l'année prochaine.

Tous les ans pareillement, le sultan envoie, me dit-on, des navires entiers chargés de froment, de beurre, de miel, d'huile, de raisins secs, d'olives, etc., destinés à alimenter généreusement les caravanes de pèlerins. — Béni soit le sultan !

Nous apprenons à Yambô la mort d'un grand personnage de Médine : Si Khaled Djama el Lil, grand ami de Ben Raschid, le roi du Nedj.

Et les Médinois, qui nous font part de la nouvelle, vantent bien haut la gloire de ce Ben Raschid.

« Quel puissant monarque ! toujours en

guerre, et bien armé, vois-tu, et juste, et grand!

« Ainsi, tout récemment, deux commerçants de notre pays étaient allés trafiquer dans son royaume. Neuf journées de marche séparent Médine de la capitale de Ben Raschid : les deux premières sur le territoire turc et sept autres dans le royaume arabe. Nos commerçants n'avaient été inquiétés, ni à l'aller ni pendant leur séjour chez Ben Raschid. Comme ils s'en retournaient chez eux, à peine arrivèrent-ils sur le territoire turc, qu'ils furent assassinés, alors que, bien qu'étrangers, ils avaient été respectés pendant sept jours sur le territoire du monarque arabe.

« Celui-ci, furieux de l'événement, intima l'ordre aux tribus de ce pays de se ranger sous ses lois et de refuser l'impôt aux Turcs.

« J'étends, proclama-t-il, ma domination sur
« vos tribus, puisque la Turquie est impuis-
« sante à assurer la sécurité chez elle. —
« Désormais mon *anaya* seule sera bonne chez
« vous et je veux être maître absolu jusqu'à
« une journée de Médine. »

« Les tribus n'osèrent cependant refuser l'impôt aux Turcs, et Ben Raschid, irrité, les détruisit de fond en comble, pour servir d'exemple. « Quand j'ai parlé, dit-il, on doit obéir ou mourir.... » Et pas un être vivant ne fut épargné.

« Si Khaled Djama el Lil était son fidèle ami, ajoutent les Médinois.

« Quel homme juste et fort! Sans cesse accompagné de douze esclaves noirs, achetés n'importe à quel prix, parmi les plus robustes et les plus vigoureux, il rendait la justice sans appel — exerçant même le droit de vie et de mort sans se soucier des Turcs.

« Tous les jours, à heure fixe, sur le seuil de sa demeure, il tirait son cimeterre et l'élevant droit au-dessus de sa tête, il s'écriait :

« Qui a quelque chose à réclamer? Que
« celui qui veut se plaindre d'une injustice
« s'approche sans peur, si sa cause est bonne
« et ses lèvres sincères; par mon sabre, qui
« brille clair et pur, je lui rendrai prompte jus-
« tice! Et vous, les lions du soir (les voleurs),
« tremblez! je faucherai vos têtes comme des
« blés mûrs.... »

« Et de son bras tendu, faisant vibrer son

glaive en un frémissement d'aile d'oiseau, il ajoutait :

« Ah! les échos du pays arabe, répercutez ma « voix jusqu'au désert, afin que nul n'ignore « qu'ici est une demeure de justice, et que Dieu « protège l'opprimé. »

« Et les plaignants s'approchaient confiants, et les lions du soir tremblaient. Maintenant il est mort. Dieu est le Tout-Puissant. Mais nous allons sentir cruellement le vide que la perte de ce juste a creusé.

« Dieu s'éloigne des Arabes, puisqu'il laisse mourir de tels hommes. Mais notre confiance en lui reste inébranlable, car il est le Généreux, le Bon, le Miséricordieux.

« Prions pour Si Khaled Djama el Lil et courbons-nous devant la volonté d'Allah. »

Pour moi je voudrais bien connaître ce roi du Nedj, ce Ben Raschid, monarque d'un autre âge, redoutable guerrier et homme de grandes vertus — et je déplore plus amèrement l'obstacle qui m'arrête en chemin, me forçant à remettre à plus tard cette première étape vers l'Arabie centrale, où mille instincts secrets me poussent. — Et je fais le serment de revenir et d'essayer de pénétrer au cœur de ces déserts sauvages, si fermés, mais si attirants....

Hélas ! pour l'instant, adieu le rêve longtemps caressé, adieu l'espérance d'apporter ma pierre à l'édifice si laborieusement construit de l'archéologie arabe !

Quelle joie n'avais-je pas éprouvée pourtant quand des Médinois m'avaient dit : « Ah ! si les pierres écrites t'intéressent, ce n'est pas ça qui manque à Médine. Il y a tout un côté de fortifications dont le mur est construit avec des pierres couvertes d'inscriptions antiques, antiques !... du temps de nos guerres avec les Hébreux et les Roums.... »

Et dire que quelques rares monuments de cette épigraphie précieuse sont seuls entre les mains de nos savants, rapportés de Medina-Saleh ou de Teïma par le courageux Huber. Mais nous n'avons rien de Médine, où peut-être cependant la science trouverait de véritables révélations.... Mektoub, c'était écrit !

Il faut partir !...

L'ancre se lève et nous fuyons!

Et j'ai assisté comme en rêve aux manœuvres de l'appareillage, comme aux menues aventures de bord qui ont été le bilan de la journée :

D'abord une vive discussion entre notre capitaine et un habitant de Yambô, personnage

PIROGUES ARABES A YAMBÔ.

étrange, qui représente, paraît-il, un tas de compagnies de navigation.

Cet agent général, courtier maritime, chargeur, armateur, entrepreneur d'acconage, etc., Mohammed Bordiff, puisqu'il faut l'appeler par son nom, est l'être le plus bizarre qu'on puisse imaginer. Trapu, bien pris de corps, agile et robuste comme les portefaix qu'il commande, il est affreusement borgne et très mal vêtu,

Il travaille de ses mains aux manœuvres ou à l'arrimage, bien qu'il soit le maître absolu de centaines d'ouvriers, d'esclaves peut-être....

Il n'inspire guère confiance à notre capitaine, qui le traite plus que cavalièrement.

Il a peut-être tort, notre capitaine, car le bonhomme aurait, s'il l'avait voulu, rempli ses cales de marchandises, au frêt très rémunérateur. Au contraire, tout s'arrange mal, on s'en tient à quelques piastres de différence, et le capitaine, fatigué de ces bruyants pourparlers, envoie tout à la dérive et ordonne le départ.

Le pilote est absent, on doit l'attendre; quand il paraît, c'est une nouvelle scène avec le capitaine, car il est descendu à terre sans permission et on le gourmande ferme.

« Tu vois, nous dit-il, comme ce mécréant me traite ; et cependant, que resterait-il de son navire dans un quart d'heure, si je voulais!... »

Et son œil noir brille d'un fauve reflet, et je comprends les épaves de la mer Rouge, et malgré moi, je frissonne....

« J'ai dix-neuf ans de navigation, se contente-t-il de dire au capitaine, et n'ai jamais été traité ainsi. Mais, Dieu est grand, lui seul est souverain, maître des mondes et de nos destinées. »

. . . .

Et très doucement, à toute petite vitesse, nous franchissons les passes dangereuses sous l'œil vigilant du capitaine, qui évidemment surveille la côte... et son pilote....

Deux jours après, c'est en rade de Suez que nous mouillons. Je fais mes adieux au capitaine et nous débarquons par calme plat dans le golfe aux eaux de plomb fondu.

On ne se presse guère au pays égyptien pour accueillir les pauvres voyageurs musulmans, et les fonctionnaires façonnés à l'anglaise, sanglés dans de ridicules uniformes, n'ont guère pour nous que du mépris.

Ils en usent même par trop à leur aise, et je dois me fâcher à propos de visas de passeports, de droits de santé, etc., formalités qu'on exagère à plaisir, dans l'espérance de quelque bakchich probablement....

Enfin, me voilà dans la cour des bâtiments de la Compagnie du Canal, tellement transformé que personne ne me reconnaît tout d'abord. Puis c'est la joie du revoir, les bonnes et vigoureuses poignées de main :

« Comment, déjà vous voici de retour! Mais quelle mine féroce! Vous êtes tout noir, mon cher.... »

Et gravement, drapé à l'antique dans mon costume arabe, que j'aime maintenant et où je suis à l'aise, je réponds par monosyllabes, avec la gravité d'un nomade endurci.

Le soir, dans l'hospitalière demeure où je suis cordialement reçu, entouré de mes serviteurs égyptiens, je continue mon rêve d'Orient, que mes amis n'osent troubler.

Je contemple longuement le golfe de Suez, aux eaux d'un vert émeraude, et la sombre découpure des montagnes du golfe d'Attaka au coucher du soleil; puis c'est le crépuscule sur la lagune, l'or du couchant dorant les pauvres masures grises, et l'air si pur, que les costumes aux couleurs vibrantes des moutards qui jouent sur le sable semblent des pierres précieuses, étincelant dans l'or qui poudroie partout.

Puis la nuit tombe peu à peu, éclairant tristement les longues robes bleues des fellahs.

Et je contemple cette ville frontière des deux mondes d'Orient et d'Occident.

D'un côté, la ville arabe, pauvre et sans originalité, perdue dans la solitude des sables.

De l'autre, la ville industrielle de la Compagnie du Canal, avec ses bassins, les bras gigantesques de ses dragues, ses ateliers, toute une petite fourmilière européenne.

Et le canal raye la solitude du désert infini et profond qui entoure ces deux villes : l'une, cité du passé agonisant, que le sable du néant recouvre peu à peu; l'autre, cité des fièvres du présent et de l'incertain avenir.

A Suez, j'ai eu la chance de rencontrer le fils du grand chériff de la Mecque, arrivant de Constantinople, où il venait de se marier.

Je suis allé lui rendre visite à bord du *Médina*, le bateau de son père, sur lequel il logeait en attendant son départ pour Djedda

Hadj Akli m'a présenté :

« Mon compagnon Abdallah Courtelmoun, que voici, revient avec moi de la Mecque. Il avait déjà parcouru une grande partie du monde musulman. C'est un ami de l'islam.

« Il publie dans notre pays des descriptions de l'Orient, espérant le faire aimer en le faisant connaître et, dans ce but, nous voyageons.

« Il prend des photographies des pays que nous traversons et par ce moyen les représente fidèlement dans ses livres.

— Ah! ton compagnon sait faire de la photographie, lui répond le fils du grand chériff. Eh bien, moi, j'ai acheté un appareil à Constantinople, il va l'essayer pour me dire s'il est bon. »

Et j'ai improvisé le jour même laboratoire, développement, fixage, etc., dans une cabine obscure ; j'ai photographié le *Médina* et même, grâce à un peu de papier au gélatino-bromure, j'ai pu lui montrer une épreuve positive sur papier une demi-heure à peine après avoir pris le cliché sous ses yeux.

Cela m'a immédiatement valu sa confiance et surtout celle de ses deux conseillers, Cheik Raschid de la Mecque et Sid Brahim ben Sid Hassad de Médine.

Cheik Raschid, dont la belle figure respire l'intelligence, et qui me paraît beaucoup plus instruit de nos sciences modernes qu'on ne pourrait le supposer, paraît particulièrement étonné de la dextérité avec laquelle j'ai effectué l'expérience.

« Je sais, dit-il, que le cliché sur verre doit être sec avant qu'on puisse en tirer une épreuve, et c'est toujours long, ce séchage. Comment as-tu fait? »

Et je lui explique comment j'ai procédé, avec un papier humide sur le cliché humide lui-même. Il comprend très bien l'opération et me félicite de mon habileté.

Depuis ce moment Cheik Raschid paraît me témoigner plus d'intérêt; et moi, en l'étudiant mieux, je reste de plus en plus frappé de sa rare personnalité.

Grand, mince, admirablement bien musclé, la tête haute quoique sans arrogance, le front découvert, le regard droit et clair, c'est une des plus mâles silhouettes d'homme que j'aie vues de ma vie.

Il est de la race arabe la plus pure et je crois me trouver en présence d'un des grands Sarrasins de l'épopée arabe.

Il est vêtu très simplement; mais quelle noblesse dans toute sa personne!

Et combien le diadème d'or et de soie noire des Arabes lui semble naturel à porter!

En sa présence, le fils du grand chériff m'invite à aller le voir à la Mecque:

« Je t'enseignerai le Coran et tu m'apprendras la photographie », me dit-il.

Et Cheik Raschid nous observe successivement tous les deux. Il ne parle pas, mais son regard profond semble dire au jeune chériff:

« Doucement, mon petit, tu n'en feras pas beaucoup de photographie à la Mecque, car j'y veillerai. »

Et à moi:

« Tu n'es pas dupe de ce qu'il dit, n'est-ce pas? »

Nous nous sommes compris et notre estime réciproque en augmente encore.

Et je songe qu'il a peut-être raison, ce noble descendant des vieilles races, de s'opposer doucement, mais avec fermeté, de toute sa grande intelligence, à la marche de ce que nous appelons le progrès.

Il se rend compte, Cheik Raschid, qu'une étape de douze siècles qui sépare nos deux civilisations, ne peut être franchie d'un coup et que c'est en enfant voulant marcher trop vite que l'Orient s'essaye à nos progrès modernes.

J'en ai sous les yeux un exemple frappant!

Le fils du grand chériff reste toute la journée absorbé par l'examen d'un catalogue industriel, les *Archives commerciales*, je crois, qu'il feuillette avec la plus grande curiosité, nous demandant une foule de renseignements sur toutes les images qu'il voit.

Or, ce recueil est un mélange de tout ce qui se produit et se vend en Europe, depuis les voitures de maître jusqu'aux bas de laine, en passant par les étiquettes d'absinthe ou de cognac, les marques de champagne, les échelles doubles et les boîtes à musique.

Il y a de tout, des brouettes, des pioches et des machines à faire la glace, la limonade et les soda-waters!...

Pendant deux journées presque entières, j'ai tenu compagnie au jeune chériff, lui donnant des explications sur tout ce qu'il voyait et dont, par parenthèse, il avait toujours envie.

Surtout une machine à faire la glace et une autre pour la limonade gazeuse le ramenaient toujours dans une ardente convoitise; et il s'obstinait à en vouloir faire la commande.

J'essayai vainement de lui faire comprendre les difficultés de manipulation des machines à faire l'eau de Seltz et la limonade, lui vantant les avantages de l'appareil Briet, dont je lui fis même un croquis : il voulait *à tout prix* mettre le breuvage en bouteilles « pour que ça fasse *pouf* », disait-il, quand il en offrirait à ses amis.

Voici ce qu'ils demandent d'abord à nos sciences, ces grands enfants qu'on appelle les Orientaux : la satisfaction de leurs caprices les plus bizarres. Mais que de fois cela ne les entraîne-t-il pas à la ruine, et combien de fatales conséquences de cette assimilation hâtive de nos mœurs l'histoire n'a-t-elle pas eu à enregistrer, en Égypte, en Syrie et en Turquie!

La science contemporaine est donc bien la véritable ennemie de leurs vieilles races, ennemie redoutable, qu'ils introduisent peu à peu, eux-mêmes, sans s'en douter, chez eux, commençant par nous prendre nos inoffensives bouteilles d'eaux gazeuses, pour continuer par les chemins de fer et finir par la dynamite [1].

C'est pourquoi, en vivant chez eux, l'homme d'Occident qui pense se pose ce problème : L'ouragan de progrès qui nous entraîne est-il un bienfait pour l'humanité ?

Nos sciences modernes ont amélioré le côté matériel de l'existence, supprimé la douleur, augmenté le bien-être, c'est incontestable ; l'homme franchit d'invraisemblables distances avec des rapidités de foudre. Mais que de

---

1. Les Arabes révoltés au Yemen ont fait sauter l'année dernière, à la dynamite, le tribunal du Cadi de Sana.

fièvres, quelle vie hâtive, que d'incertitudes et, par-dessus tout, quel éternel inassouvissement!...

Les peuples simples de l'Orient, eux, vivent sans souci, immuables, sous leurs climats privilégiés, préoccupés seulement de perpétuer l'espèce.

Ils n'ont pas nos ambitions démesurées, et acceptent la vie comme un court passage, le cœur rempli d'espérance en une vie future, meilleure, à laquelle ils rêvent longuement, en contemplant le soir les innombrables étoiles de leur beau ciel constellé....

Où est la vraie sagesse?...

Quelque chose de sympathique devait nous réunir en de secrètes affinités, Cheik Raschid et moi, car je voyais de plus en plus sa confiance augmenter. — Il me fit promettre d'aller le revoir à la Mecque, de même que Sid Brahim m'offrit d'être son hôte quand j'irais à Médine.

Ces deux invitations sont bien tentantes, surtout celle de Sid Brahim, qui représente à

Médine le grand chériff de la Mecque. Mais pourrais-je jamais les tenir, maintenant que mes actes ont été si sottement dénaturés par quelques reporters maladroits ou malintentionnés ?

Un gros malentendu subsiste chez beaucoup de musulmans au sujet de mon voyage, bien que, depuis mon retour comme avant mon voyage, rien dans mon attitude ni dans mes paroles n'ait révélé la moindre dérision au sujet des choses de l'Islam, que j'ai continué à étudier dans un esprit de bienveillance et de sincérité absolues.

Je compte beaucoup sur ces pages pour dissiper ce fâcheux malentendu, et c'est en toute confiance que j'attends l'avenir, l'avenir qui me permettra, je l'espère, de réaliser mon beau rêve de voyage au cœur de l'Arabie centrale, au Nedj, chez Ben Raschid....

J'ai profité de mon séjour à Suez pour étudier de plus près encore que dans mes précédents voyages, en me mêlant à eux, la vie des fellahs d'Égypte.

Pauvres fellahs! humble prolongement de races disparues, ils sont restés éternellement esclaves et malheureux, dans ce pays d'abondance.

Singulière destinée que celle de ce peuple, objet des convoitises de tous les conquérants à travers les âges. Aujourd'hui sous la tutelle d'une nation européenne, sous le prétexte d'une dette de quatre milliards à garantir, alors que nos nations européennes, libres ou émancipées, en ont dix fois plus à leur passif!

Pauvres fellahs d'Égypte!

L'Européen lui achète à vil prix les produits de son sol : l'oignon comme la caille vivante, le blé, le coton, le maïs.

Vienne une mauvaise récolte : le fellah endure la famine épouvantable.

Si la récolte est belle, le prix avili de la vente lui permet à peine de vivre.

C'est là le résultat du *protectorat* (!) des civilisations avancées, qui soi-disant dirigent et éclairent, l'arme au poing, ces multitudes simples et naïves....

Fort heureusement pour ce pays, une élite de jeunes gens ont conservé le plus ardent patriotisme et travaillent courageusement au relèvement des fellahs et à l'affranchissement de leur patrie.

Si cela est humainement possible, ils réussiront ; nous devons en tout cas le souhaiter ardemment en France. C'est chez nous, d'ailleurs, dans nos écoles de droit surtout, que s'est formée cette jeune phalange de patriotes.

Le *Melbourne*, des Messageries Maritimes, m'a rapatrié et je foule enfin le sol de France.

A Marseille, un temps brumeux et froid, une petite pluie fine même. Malgré l'excellent accueil dont je suis l'objet et qui contraste singulièrement avec ma misérable existence du Hedjaz, je songe, non sans un certain regret, aux pays du soleil et du ciel bleu.

Je parcours quelques journaux : toujours les mêmes fièvres et les mêmes passions stériles....

En wagon, je lis une vibrante histoire

d'amour, de Rosny, mais il fait froid et je grelotte....

Un coup d'œil à la portière du wagon qui m'emporte à toute vapeur vers Paris.

Tous les ors d'un automne de Provence resplendissent, mais le ciel est gris et bas — la vallée de Saint-Chamas s'ouvre, décor superbe. — Mais les maisons de ce pays sont grises et c'est là qu'on fabrique de la poudre....

Comme au Pas-des-Lanciers, toujours la menace de la guerre; là, des voies stratégiques s'entre-croisent comme les mailles d'un filet d'acier.

C'est aussi un désert, le Pas-des-Lanciers, mais un désert bardé de fer, gros de menaces et de colères futures....

Où sont mes déserts roses et mes bons chameliers?...

Et cependant la France est belle et mon cœur bat de la revoir.

Quelle fertilité dans cette banlieue de Tarascon, que de vergers, que de petits enclos! Tous ces champs intensivement cultivés, cet air général de prospérité qui règne partout, donnent nettement l'idée d'une France riche, laborieuse et prospère, pays d'abondance et d'inépuisable fertilité, auquel il manque seulement, hélas! un peu plus de soleil et d'amour....

Amour du prochain, amour de la vie simple et heureuse, amour de la famille et, peut-être, amour de Dieu....

Dieu unique des chrétiens ou des musulmans, Souverain Maître des Mondes, le Puissant et le Miséricordieux.

. . . .

APPENDICE

Le récit de mon voyage, que je viens de transcrire ici avec toute la fidélité d'un souvenir précis, ne comprend presque exclusivement que mes impressions personnelles de voyageur et les péripéties de ma route.

Je crois qu'il est bon maintenant de compléter cet ouvrage par un Appendice, ajoutant aux renseignements que j'ai recueillis sur la Mecque ceux qui étaient déjà connus et de rassembler les documents intéressants épars dans les différents ouvrages qui ont traité de la question, afin qu'en fermant ce livre le lecteur soit au courant de ce que l'on sait aujourd'hui sur cette partie encore si mystérieuse de l'Arabie.

Ce travail m'est singulièrement facilité par le récent ouvrage de M. le docteur Proust, *l'Orientation nouvelle de la politique sanitaire*, ouvrage dans lequel, en passant en revue les grandes épidémies, leurs origines et leurs causes, il se trouve amené à consacrer un long chapitre au pèlerinage de la Mecque.

Dans ce chapitre il a compilé très consciencieusement tout ce que mes prédécesseurs et moi-même avions dit ou publié sur la Ville Sainte.

Mes prédécesseurs connus, c'est-à-dire ceux qui ont publié quelque chose sur leur voyage, sont :

Burckhardt (Suisse), fit le premier une description de la Ville Sainte. Il la visita en 1814;

Burton (Anglais), officier au service de la Compagnie des Indes, fit un voyage d'exploration au Hedjaz en 1853. Il assista aux pèlerinages de la Mecque et de Médine;

Léon Roche (Français), interprète principal de l'armée d'Afrique, fut envoyé en mission auprès du grand chériff de la Mecque en 1837, par le maréchal Bugeaud.

On était alors en pleine guerre d'Afrique, aussi meurtrière qu'inutile pour les musulmans, puisque toute résistance était vaine de leur part en présence de la volonté bien arrêtée de la France d'aller jusqu'au bout dans son œuvre de conquête de l'Algérie.

Dans un but humanitaire des plus élevés, le maréchal eut la belle pensée de faire appel à la sagesse des chefs religieux de l'Islam pour leur demander une *fettoua* (sorte de rescrit religieux) exhortant les musulmans algériens à cesser une résistance inutile et à se soumettre de bon gré à notre domination, sur l'engagement que nous prenions de respecter leurs institutions religieuses et judiciaires.

M. Léon Roche réussit pleinement dans cette mission.

Il eut une entrevue avec le grand chériff, fit signer et apostiller par le Conseil des *ulémas* de la Mecque la *fettoua* rédigée par les ulémas de Kairouan et déjà approuvée par ceux du Caire.

Le résultat fut complet et, en contribuant puissamment à la pacification de l'Algérie, mon illustre prédécesseur a sauvé bien des existences françaises qui sans lui auraient été inutilement sacrifiées.

Son voyage fut très mouvementé, par exemple, et il ne dut son salut qu'à un véritable miracle.

Reconnu à la Mecque par des Algériens qu'il avait autrefois fait condamner, étant interprète auprès des autorités françaises, il fut dénoncé à Arafat, au moment critique des ablutions. Une clameur immense s'éleva dans la foule indignée. Il se vit empoigné, bâillonné, ligotté sur un chameau et emmené à toute vitesse. Il se croyait bien perdu; au contraire il était sauvé!

Sauvé par le grand chériff, qui faisait surveiller de près, à son insu, l'envoyé du maréchal Bugeaud, afin d'écarter tout danger de sa tête.

Aujourd'hui Léon Roche, après une brillante carrière consacrée tout entière au service de la France, après avoir été tour à tour ministre plénipotentiaire au Japon, au Maroc, où il remplit d'importantes missions, jouit d'un repos bien gagné.

C'est un vieillard robuste et très vert, à la carrure d'athlète même. J'ai eu le grand honneur de l'avoir à mes côtés, lors de la conférence que je fis à Bordeaux sur mon voyage.

Une bien douce émotion remplissait ses yeux de larmes en m'entendant raconter par le menu mon séjour à la Ville Sainte, « dans laquelle il faisait ainsi, après cinquante-sept ans, un nouveau voyage avec moi », me dit-il en m'embrassant.

Snouck Hurgronge (Hollandais), médecin délégué du service sanitaire des Indes Néerlandaises, fit un long séjour de plusieurs années dans la Ville Sainte.

Il s'occupait surtout d'ethnographie et vivait d'une façon très sédentaire.

Néanmoins on lui doit de nombreux renseignements précis sur l'époque actuelle, puisque sa présence à la Mecque date de 1892.

A citer encore parmi les rares Européens qui aient pu pénétrer dans la Ville Sainte :

Wallin, Von Maltzan, le Dr Morsly et l'Espagnol Badia.

« L'origine du pèlerinage se perd dans la nuit des temps. Il existait longtemps avant même la fondation de la Mecque au ve siècle de notre ère. Les cérémonies du Hadji constituent un reste de rites païens que Mahomet, n'osant les abolir, adapta à son culte [1]. »

Les Arabes affirment que tous les Prophètes ont fait le pèlerinage de la Mecque, depuis Abraham qui l'institua jusqu'à Jésus après Isaac, Jacob et Moïse.

Leur affirmation se précise particulièrement en ce qui concerne Moïse, et Scheik Habbeud, le grand mufti malekite de la Mecque, qui me racontait un jour la vie de ce Prophète, ne manquait pas d'interpréter dans ce sens les paroles « sacrifier dans le désert » :

« C'est le sacrifice de Mouna, vois-tu, mon fils, dont il est question et le Pharaon ne voulant

---

[1]. *L'Orientation nouvelle de la politique sanitaire*, par le professeur Proust.

pas autoriser le pèlerinage, les Hébreux s'enfuirent d'Égypte, franchirent la mer Rouge grâce au miracle que tu sais, firent leur route au désert, sacrifièrent à Mouna et remontèrent au nord dans leur pays de Judée. »

Cette curieuse façon d'interpréter l'Ancien Testament n'est pas dans le Coran cependant, pas plus que le prétendu voyage de Jésus-Christ à la Mecque, dont j'ai entendu parler pour la première fois dans la Ville Sainte. Voici d'ailleurs la tradition musulmane et l'interprétation de l'Ancien Testament :

« Lorsqu'Adam et Ève eurent mangé du fruit défendu ils furent précipités sur la terre. Ève tomba sur l'Arafat et Adam à Serendib (Ceylan).

« Adam chercha sa femme pendant cent ans et finit par la retrouver sur le djebel *Arafat* (montagne où il a reconnu). Cette montagne est située à 30 kilomètres à l'est de la Mecque.

« C'est à Mouna, entre Arafat et la Ville Sainte, que la tradition place le sacrifice d'Abraham.

« C'est à la Mecque qu'Agar, mourant de soif, avec son fils Ismael, se vit miraculeusement sauvée par l'ange Gabriel qui lui ordonna de creuser le sol avec son pied. Une source jaillit aussitôt, mais avec une telle abondance que les eaux allaient engloutir les fugitifs. « *Zem-Zem*, Resserre-toi », s'écria Agar, et ce nom de *Zem-*

Zem est resté à la source miraculeuse qui coule encore de nos jours.

« C'est à Djedda enfin qu'est morte notre mère *Ève* et son tombeau s'élève à quelque distance des remparts de cette ville du côté du levant. »

Le but du pèlerinage est de faire une pieuse visite à ces lieux saints, objets d'une vénération millénaire.

« Au temps des Arabes idolâtres le pèlerinage avait toujours lieu en automne; mais Mahomet établit expressément les mois lunaires et fixa l'époque de la réunion aux trois derniers mois. Il en résulte que chaque année la date des fêtes avance de treize jours et que le pèlerinage, dans l'espace de trente-trois ans, se représente successivement à toutes les saisons.

« De plus, tous les sept ans, le Courbam Baïram, qui est la grande fête, tombe un vendredi, jour saint des musulmans. Cette année-là, l'affluence est énorme.

« Autrefois on voyait des souverains venir au pèlerinage. Tel kalife de Bagdad y amenait 900 mulets uniquement pour le transport de sa garde-robe. Haroun al Raschid y vint huit fois. Méhemet Ali s'y rendit en 1814.

« Le pèlerinage de la Mecque a été rendu obligatoire par Mahomet, qui en a fait le quatrième acte fondamental de la religion musulmane ; la prière, l'aumône et le jeûne du Rhamadan constituant les trois autres. Mais le pèlerinage n'est cependant obligatoire que pour *quiconque est en état de le faire*[1]. »

Les pèlerins, revêtus du ir'ham, vont tout d'abord faire une prière sur le tombeau d'Ève à Djedda, puis ils partent pour la Mecque. Dès leur arrivée, ils pénètrent dans la grande mosquée, passent sous la porte de *Bab-es-Salam*, font une prière devant l'oratoire d'Abraham, arrangent le ir'ham en écharpe d'une façon spéciale sur l'épaule et font sept fois le tour de la Caâba, en récitant des prières que leur dicte, syllabe par syllabe, leur métouaf ; ils embrassent ensuite, s'ils le peuvent, la pierre noire enchâssée dans un disque d'argent à hauteur d'homme sur l'un des angles de la Caâba.

Ils sortent alors de la mosquée pour accomplir la cérémonie du Saï[2] en commémoration de l'agitation d'Agar mourant de soif au désert, rentrent dans la mosquée pour faire une simple libation d'eau de Zem-Zem ou à leur gré une ablution complète dans l'eau miraculeuse. Ceux qui en ont fait le vœu au départ vont enfin

1. *Politique sanitaire*, Proust.
2. Voir p. 69.

prier à *Omra* à quelques kilomètres de la ville, mais ce pèlerinage est facultatif.

Comme les pèlerins sont arrivés généralement un peu en avance, ils peuvent se reposer quelques jours dans la Ville Sainte, vaquer à leurs affaires, acheter, vendre, trafiquer tout à leur aise et, au jour consacré seulement, le huitième jour du mois de Dhoul-Hadji, ils partent en caravanes solennelles, *mahmals* en tête, pour le mont Arafat en passant sans s'y arrêter à Mouna et à Mouzdelifat.

A Arafat ils campent. « C'est un spectacle saisissant, dit Léon Roche, que ces milliers de tentes, au clair de lune, à la lueur des grands feux.

« Les appels des pèlerins égarés, les invocations religieuses, les chants joyeux cadencés par les battements des mains et des tambours, les cris discordants des cafetiers, tous ces bruits accompagnés par le grognement lugubre de plus de 20 000 chameaux, le hennissement des chevaux, le braiement des baudets, composent un concert infernal. »

C'est la journée la plus animée du pèlerinage, celle où l'allégresse générale se manifeste le plus bruyamment : on tire des feux d'artifice le soir, le canon tonne à intervalles réguliers, toute la multitude chante....

« Le jour se lève. L'artillerie des caravanes annonce la prière du matin (*cs soub*).

« De tous côtés les muezzins appellent à la prière de leur voix de soprano retentissant.

« Vers les trois heures de l'après-midi commence le sermon, qui dure jusqu'au coucher du soleil. Toutes les quatre ou cinq minutes le prédicateur agite un drapeau vert, pour donner le signal des cris : « Labbaïka, Allahomma! Lab-« baïka! » Quand le soleil est descendu à l'horizon et qu'il a disparu, la multitude s'ébranle; c'est à qui atteindra le plus tôt le bas de la montagne.

« Le désordre devient alors indescriptible, des blessés, et souvent des cadavres jonchent le chemin, ils sont foulés aux pieds. Chacun doit, en effet, passer dans l'espace compris entre deux colonnes, distantes l'une de l'autre d'environ 6 mètres.

« C'est alors un général engouffrement, tout se précipite vers cet étroit passage, hommes, femmes, enfants avec leurs bagages et leurs chameaux. En 1892, plus de 30 personnes y furent écrasées.

« Si le premier arrivé rend le dernier soupir en touchant le but, il ira droit au ciel. Les houris du paradis le recevront dans leurs bras.

« Les sacrifices de Courbam Baïram ont lieu

le lendemain dans la vallée de Mouna, en commémoration du sacrifice d'Abraham.

« Le sacrificateur tourne la tête des moutons, des bœufs ou des chameaux vers la Caâba en prononçant la formule sacrée.

« En 1893, plus de 120 000 moutons ont été égorgés [1]. »

Le séjour à Mouna est réglementairement de trois jours, mais beaucoup de pèlerins l'abrègent maintenant, pour fuir les odeurs pestilentielles qui se dégagent des mares de sang putréfié et des immondices de toutes sortes qui jonchent le sol de l'étroite vallée.

Des précautions sont prises cependant pour atténuer les conséquences de cet effroyable carnage. Des fosses sont préparées à l'avance et les corps des victimes immolées et abandonnées y sont immédiatement enfouis. On ne prend plus le temps de les dépecer comme on le faisait encore il y a deux ans.

Il y a là néanmoins un grand danger pour la salubrité publique et on peut craindre les pires conséquences de cette désastreuse coutume ; cependant il ne faut pas se lasser de dire que l'on a, dans des buts plus ou moins intéressés, exagéré considérablement les faits et qu'il me

---

1. *Politique sanitaire*, Proust.

paraît irrévocablement prouvé aujourd'hui que jamais le choléra n'a pris naissance à Mouna.

Importé des Indes par les pèlerins de ce pays où le fléau est à l'état endémique, il se développe et se propage facilement sur des individus anémiés et victimes des privations les plus pénibles, soumis à des fatigues excessives dans des conditions d'hygiène déplorables, mais, grâce à la sage précaution de l'enlèvement immédiat des cadavres, il paraît impossible d'admettre que le choléra prenne naissance, je le répète, à Mouna.

Quant aux légendes qui représentent les pèlerins mangeant avec avidité la viande, même corrompue, des victimes immolées, elles sont tout simplement absurdes.

On a même été jusqu'à dire que des affamés allaient déterrer les cadavres après plusieurs jours d'enfouissement. C'est grotesque !

Mais il en est ainsi : nous paraissons vouloir faire naïvement le jeu des Anglais, intéressés à laisser s'accréditer ces préjugés, et persister dans la non-application des mesures les plus élémentaires de prudence, qui consisteraient à exercer une étroite surveillance sur l'état de santé des pèlerins indiens, arrivant par mer ou par les caravanes de l'Yemen.... Mais....

Mais le commerce du riz, des cotonnades et

des soieries en pâtirait et les Anglais préfèrent nous laisser, nous et les services sanitaires, nous acharner sur cette sempiternelle question des sacrifices de Mouna....

Si nous n'y prenons bien garde un jour viendra où de plus désagréables surprises nous feront, trop tardivement, hélas! ouvrir les yeux sur les agissements de nos intrigants et ambitieux voisins....

Mais revenons à nos pèlerins. Une fois leur victime immolée, ils s'empressent généralement de rentrer à la Mecque, prennent au passage un bain rapide dans la *fontaine de Zobéida*, sorte de piscine rectangulaire en maçonnerie, remplie d'eau à main d'homme.

Cette piscine est creusée dans le sol d'une très étroite vallée (et non dans une immense plaine comme le dessinateur fantaisiste de certain journal illustré s'est plu à la représenter), au bord même du chemin, à quelque distance du conduit en maçonnerie qui amène l'eau potable à la Mecque.

C'est dans cette conduite précisément qu'est puisée l'eau qui remplit la piscine.

Encore une coutume bien dangereuse pour la santé des pèlerins, plus dangereuse certainement que les mauvaises odeurs de Mouna, et qu'il serait peut-être bien facile de supprimer, en laissant purement et simplement le bassin vide....

Rentrés à la Mecque, la majorité des pèlerins s'empresse généralement de repartir pour Djedda où les bateaux sont bientôt en partance pour Yambô et Médine.

Le pèlerinage de la Mecque est terminé. — Un certain nombre de fidèles se joignent à la caravane officielle des Mahmals égyptien et syrien pour effectuer par terre le pèlerinage de Médine.

Celui-là est facultatif et simplement méritoire. Il est néanmoins très suivi....

Il y a dans le vilayet du Hedjaz dont le chef-lieu est la Mecque, deux autorités : celle du wali qui représente le Sultan, et auprès de qui les consuls sont accrédités; et celle du grand chériff, avec qui les consuls ne peuvent avoir de rapports directs : les Bédouins lui obéissent sans cesser d'être officiellement sous l'autorité du wali. Le grand chériff est scheikh de la Mecque, plus puissant, plus respecté que les autres scheikhs; il est toujours choisi depuis douze siècles dans la même famille de descendants du Prophète.

La situation politique du Hedjaz ne ressemble en rien à celle des autres pays sous la dépendance de la Turquie. Les Hedjazis ne sont pas soumis au service militaire, ils ne paient pas d'impôts; ils reçoivent au contraire des subsides en or et en argent du Sultan et du Khédive d'Égypte.

Le grand chériff dispose de sommes considérables; il reçoit, dit-on, 40 000 francs par mois de la Porte; il a une garde personnelle, les *Bichaz*, Bédouins qui pillaient les caravanes de pèlerins et de marchands. Le grand chériff les a enrégimentés et échelonnés entre Taïef et la Mecque.

Il entretient un représentant auprès du Sultan, il en a également un en Égypte.

Lui-même ne quitte pas la Mecque, si ce n'est pour aller en villégiature estivale à Taïef. Il est très respecté par les pèlerins qui viennent chaque année à la Mecque depuis le fond de la Chine jusqu'aux confins du Maroc; ils voient en lui le descendant du Prophète et le regardent comme le chef de la religion, ce qui n'est pas exact, car le vrai chef religieux est l'Emir el Mouminim (le Sultan) et après lui le Scheikh ul Islam, à qui il délègue ses pouvoirs. Les walis dès leur arrivée comprennent qu'ils ne peuvent pas lutter contre une puissance si fortement établie que celle du grand chériff. Si cependant le wali est un homme très énergique, ayant une influence auprès du Sultan et une valeur personnelle, comme Osman Pacha, le grand chériff, pouvant être destitué, devient son humble serviteur ; ce que n'a pas manqué de faire le chériff actuel, car il savait très bien qu'Osman Pacha ne resterait pas longtemps à la Mecque et qu'après son départ il reprendrait vite son autorité momentanément éclipsée.

Le grand chériff actuel est Sidna Aoun er Rafik.

En résumé, la situation politique du Hedjaz est loin d'être brillante comme organisation et surtout comme fonctionnement. Mais si l'on tient compte des immenses difficultés à vaincre, de la multitude et de la complexité des questions à résoudre, il serait bien difficile de préconiser un remède à l'état de choses actuel.

Un chemin de fer de Djedda à la Mecque modifierait considérablement les choses. On en parle souvent ; il se fera vraisemblablement un jour, mais les esprits éclairés du monde musulman s'y opposeront longtemps encore avec une grande énergie : toute la morale philosophique du pèlerinage en serait d'ailleurs annihilée et détruite. Plus de commune humilité sous le vêtement rudimentaire du pèlerin, plus de communes fatigues à endurer par le riche et le pauvre, confondus pour un instant dans une égalité réelle.

Le Prophète a voulu que tous, grands et petits, forts et faibles, esclaves ou monarques, viennent ensemble, le corps nu, le front à terre, reconnaître leur égalité devant Dieu.

Le chemin de fer ôterait à ce grand acte de foi et de fraternité humaine toute sa valeur morale, tout son prestige, et le transformerait en une coutume de vulgaire superstition.

FIN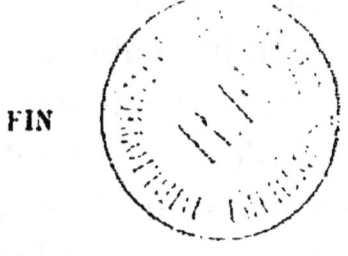

TABLE DES GRAVURES

Vue de la Mecque (Frontispice).
Un pilote de la mer Rouge.................................... 1
Le départ du tapis sacré du Caire.............. 19
Pèlerins à bord.. 35
Arrivée à Djedda.. 43
Le port de Djedda.. 45
Un sambouk.. 47
Panorama de Djedda..................... 48-49
Enceinte fortifiée de Djedda........................ 51
Maison arabe de Djedda............................... 53
Départ de Djedda. Route de la Mecque........ 57
Bédouin.. 61
La pierre noire.. 69
La Mecque, vue prise du Djebel Gobbis......... 85
Costumes du Hedjaz..................................... 97
Maisons de la Mecque.................................. 115
Le palais du grand chériff sur la route de Mouna. 117
Débris de l'étuve construite à l'entrée de la Mecque, sur le chemin de Mouna........................ 119
Femme de la Mecque................................... 121
Bédouin du Hedjaz....................................... 129
Le chemin de Mouna à la Mecque................ 133

Le premier cheïtan à Mouna.. 141
Vallée de Mouna......................... 145
Rue de Djedda............. 167
Tombe de Ch. Huber....................... 169
Djedda.. 171
Femmes bédouines........................ 173
Maisons arabes à Djedda................... 179
Mes compagnons......................... 183
Commerçants indiens de Djedda............. 185
Le port de Yambô-el-Bahr................... 193
Pirogues arabes à Yambô..... 199

Coulommiers. — Imp. PAUL BRODARD. — 233-96.

LIBRAIRIE HACHETTE & Cie
Collection de Voyages illustrés (form. in-16)

Chaque volume : broché, 4 fr., — relié en percaline, 5 fr. 50

ABOUT (Ed.) : LA GRÈCE CONTEMPORAINE. — 1 vol.
ALBERTIS (D') : LA NOUVELLE-GUINÉE. — 1 vol.
AMICIS (DE) : CONSTANTINOPLE. — 1 vol.
— L'ESPAGNE. — 1 vol.
— LA HOLLANDE. — 1 vol.
— SOUVENIRS DE PARIS ET DE LONDRES. — 1 vol.
BELLE (H.) : TROIS ANNÉES EN GRÈCE. — 1 vol.
BOULANGIER : VOYAGE A MERV. — 1 vol.
BOVET (Mlle M.-A. DE) : TROIS MOIS EN IRLANDE. — 1 vol.
CAGNAT (R.) ET SALADIN : LA TUNISIE. — 1 vol.
CAMERON : NOTRE FUTURE ROUTE DE L'INDE. — 1 vol.
CAVAGLION : 234 JOURS AUTOUR DU MONDE. — 1 vol.
CHAFFANJON : L'ORÉNOQUE ET LE CAURA. — 1 vol.
CHAUDOIN : 3 MOIS DE CAPTIVITÉ AU DAHOMEY. — 1 vol.
COTTEAU (Edmond) : DE PARIS AU JAPON. — 1 vol.
— UN TOURISTE DANS L'EXTRÊME ORIENT. — 1 vol.
— EN OCÉANIE. — 1 vol.
FARINI (G.-A) : HUIT MOIS AU KALAHARI. — 1 vol.
FONVIELLE (W. DE) : LES AFFAMÉS DU POLE NORD. — 1 vol.
GARNIER (Francis) : DE PARIS AU TIBET. — 1 vol.
HARRY ALIS : PROMENADE EN ÉGYPTE. — 1 vol.
HÜBNER (Cte de) : PROMENADE AUTOUR DU MONDE. — 2 vol.
— A TRAVERS L'EMPIRE BRITANNIQUE. — 2 vol.
LABONNE : L'ISLANDE. — 1 vol.
LARGEAU (Victor) : LE PAYS DE RIRHA. — 1 vol.
— LE SAHARA ALGÉRIEN. — 1 vol.
LECLERCQ : VOYAGE AU MEXIQUE. — 1 vol.
— LA TERRE DES MERVEILLES. — 1 vol.
MARCHE (Alfred) : TROIS VOYAGES DANS L'AFRIQUE OCCIDENTALE. — 1 vol.
— LUÇON ET PALAOUAN. — 1 vol.
MARKHAM : LA MER GLACÉE DU POLE. — 1 vol.
MONTANO (D') : VOYAGE AUX PHILIPPINES. — 1 vol.
MONTÉGUT (E.) : EN BOURBONNAIS ET EN FOREZ. — 1 vol.
— SOUVENIRS DE BOURGOGNE. — 1 vol.
— LES PAYS-BAS. — 1 vol.
PFEIFFER (Mme Ida) : VOYAGE D'UNE FEMME. — 1 vol.
— MON SECOND VOYAGE AUTOUR DU MONDE. — 1 vol.
RABOT (Ch.) : A TRAVERS LA RUSSIE BORÉALE. — 1 vol.
RECLUS (Armand) : PANAMA ET DARIEN. — 1 vol.
RECLUS (Elisée) : VOYAGE DE LA SIERRA NEVADA DE SAINTE-MARTHE. — 1 vol.
ROUSSET (L.) : A TRAVERS LA CHINE. — 1 vol.
SIMONIN (L.) : LE MONDE AMÉRICAIN. — 1 vol.
TAINE (H.) : VOYAGE EN ITALIE. — 2 vol.
— VOYAGE AUX PYRÉNÉES. — 1 vol.
— NOTES SUR L'ANGLETERRE. — 1 vol.
TANNEGUY DE WOGAN : VOYAGE DU CANOT EN PAPIER LE « QUI VIVE? ». — 1 vol.
THOMSON (J.) : AU PAYS DES MASSAÏ. — 1 vol.
THOUAR : EXPLORATIONS DANS L'AMÉRIQUE DU SUD. 1 vol.
UJFALVY-BOURDON (Mme DE) : VOYAGE D'UNE PARISIENNE DANS L'HIMALAYA OCCIDENTAL. — 1 vol.
VERSCHUUR : AUX ANTIPODES. — 1 vol.
— VOYAGE AUX GUYANES ET AUX ANTILLES. — 1 vol.
WEBER (Ernest DE) : AU PAYS DES BOERS. — 1 vol.

12-95.

www.ingramcontent.com/pod-product-compliance
Lightning Source LLC
Chambersburg PA
CBHW060121170426
43198CB00010B/982